*To my lovely wife AB, you were of great help, your support has made me
will forever be grateful.*

Table of Content

Nouns

In French nouns are words meant to name a person, a place, an event, or an object.
For example:
Louise, Londres, un festival, une table.

Gender of Nouns

In French nouns have a gender, they are either masculine or feminine. In order to identify which noun is masculine or feminine you can look up the word in the dictionary (Example: une table{nf} or simply when learning the vocabulary identify the masculine nouns starting with the article (un/le) and feminine nouns starting with the article (une/la). It is important to know the gender of the nouns as you will need it for the adjectives agreements.

Here are some tips to help you work out the gender of a noun. The list also has few common exceptions.

Masculine Nouns

Ending	Keyword	Exception(s)
-b	le club	
-c	le parc	la fac
-d	le pied	
-f	l' oeuf	la soif
-i	le tournoi	la loi
-k	le bifteck	
-l	le animal	
-m	le film	la faim
-p	le coup	
-ier	le plombier	
-ing	le parking	
-isme	le racisme	
-eur	le docteur	
-eau	le réseau	la peau
-age	le frommage	l'image
-aire	le salaire	l'affaire
-ent	l' accent	
-on	le balcon	
-cle	le miracle	boucle
-ome	le syndrome	
-in	le jardin	une fin

Feminine Nouns

Ending	Keyword	Exception(s)
-sion	la vision, la décision	
-tion	la station, la situation	
-ance	la dance, la vengeance	
-ence	la licence, l'intelligence	le silence
-esse	la vitesse	
-tte	la dette, la lutte	le squelette
-nne	la personne	
-mme	la femme	le programme, l'homme
-rre	la terre, la pierre	le beurre, le verre
-ice	la nourrice	le dentifrice
-nde	la bande, la viande	
-ure	l' heure, l' injure	le dinosaure
-erie	la galerie	
-logie	la psychologie	
-ue	la tortue, la vue	
-ité	la cité, la pénalité,	
-tié	la moité, l'intimité	
-ole	l' école	le symbole
-ade	la brimade, la rigolade	le stade
-ude	l' étude, l'attitude	

Exercise 1: *Mettez le bon article le, la, l' ou les.*

1) ___petit fils parle avec ___ grand-mère dans ___ salon.
2) ___frère joue avec ___ copain à ___ maison.
3) ___professeur enseigne ___ allemand, ___ EPS, ___ psychologie et ___ biologie.
4) ___histoire est plus fascinante que___la chemie.
5) ___fille joue avec ___ ballon dans _ terrace.
6) ___hôtel offre une remise pour ___ parking.
7) ___artiste dessine en utilisant ___technique de Picasso.
8) ___mère regarde ___ télé dans ___ salon.
9) ___enfant aime ___ croissant et ___ café.
10) ___mère prépare ___ soupe avec ___ poulet.

Exercise 2: *Mettez le bon article le, la, l' ou les*
1) __ musée.
2) __ docteur
3) __ cuisine.
4) __ notoriété.
5) __ livre.
6) __ culture.
7) __ bohneur.
8) __ sorcier.
9) __ tablette.
10) __ guide.

Adjectives

Regular Adjectives

In French, adjectives (words that describe nouns) need to agree with the noun, it is called adjectives agreements. For regular adjectives we:

❑ *add an **E** if the noun is feminine and singular.*
❑ *add an **S** if the noun is masculine and plural.*
❑ *add an **ES** if the noun is feminine and plural.*

Masc Singular	Fem Singular	Masc Plural	Fem Plural
bavard	bavarde	bavards	bavardes

If the adjective is ending with an **E**, there is no need to add an E for the feminine:

Masc Singular	Fem Singular	Masc Plural	Fem Plural
timide	timide	timides	timides

If the adjective ends in **S** or **X**, there is no need to add an S or X for the plural masculine:

Masc Singular	Fem Singular	Masc Plural	Fem Plural
français	française	français	françaises

Irregular Adjectives

Adjectives that end in a vowel plus L or N usually become feminine by doubling the consonant before adding E.

Ending: el ◻ elle Adjective: cruel (crual)

Masc Singular	Fem Singular	Masc Plural	Fem Plural
cruel	cruelle	cruels	cruelles

Ending: en/on ◻ enne/onne Adjective: ancien (old)

6

Masc Singular	Fem Singular	Masc Plural	Fem Plural
ancien	ancienne	anciens	anciennes

Adjectives that end in ER or ET need a grave accent (è):

Ending: er ☐ ère Adjective: cher(expensive)

Masc Singular	Fem Singular	Masc Plural	Fem Plural
léger	légère	légers	légères

Ending: et ☐ ète Adjective: discret (discreet)

Masc Singular	Fem Singular	Masc Plural	Fem Plural
discret	discrète	discrets	discrètes

Other final letters lead to very irregular feminine endings:
Ending: c ☐ che Adjective: franc (frank/honnest)

Masc Singular	Fem Singular	Mascu Plural	Fem Plural
franc	franche	francs	franches

Ending: eur ☐ euse Adjective: menteur (liar)

Masc Singular	Fem Singular	Mascu Plural	Fem Plural
menteur	menteuse	menteurs	menteuses

Ending: eux ☐ euse Adjective: heureux(unhappy)
Ending: f ☐ ve Adjective: veuf (widower)

Masc Singular	Fem Singular	Masc Plural	Fem Plural
veuf	veuve	veufs	veuves
heureux	heureuse	heureux	heureuses

Irregular plurals: The ending al changes to aux in the plural:
Adjective: royal (royal)

Masc Singular	Fem Singular	Masc Plural	Fem Plural
royal	royale	royaux	royales
égal	égale	égaux	égales

Completely Irregular French adjectives

In French some adjectives have irregular feminine and plural forms, or change a form when used in front of a masculine noun that begins with a vowel or a mute H:
un bel appartement - a beautiful flat

un vieil homme - an old man

	Singular		
Adjective	**masc**	**vowel**	**fem**
old	vieux	vieil	vieille
new	nouveau	nouvel	nouvelle
crazy	fou	fol	folle
beaut-iful	beau	bel	belle

Position of Adjectives

The most common question from English students learning French is where do we place the adjectives, for beginners, we always tell them that adjectives are placed after the nouns which is contrary to English, then when they start to have a grasp of the French grammar we introduce the irregular adjectives and we tell them that they need to go before the nouns similar to English.

For example:
J'aime la cuisine **Italienne.**
(I like the **Italian** food).

C'est une **longue** journée.
(It is a **long** day).
J'ai acheté une **nouvelle** voiture.
(I bought a **new** car).

Exercise 1: *Mettez les adjectifs dans la forme correcte.*

1) Ma voiture est trop ___ (chèr).
2) J'aime les films ___ (américain).
3) J'ai eu des très ___ (mauvais) résultats.
4) Les gens sont ___ (intéressant).
5) Les films d'actions sont ___ (nul).
6) J'ai acheté une ___ veste. (nouveau)
7) J'ai passé une ___ semaine. (long)
8) J'ai eu une ___ journée. (mauvais)

The Present Tense

The French present tense (le présent de l'indicatif) is used in the same way as the English present tense **and it is used to express the following:**
I) Current action and situations –
Je vais au cinéma. I am going to the cinema.
II) Habitual actions-
On va au restaurant tous les week-ends.
We go to restaurant every weekend.
III) Description-
Le trajet est long.   it is long commute.
IV) Conditions using si clause-

Si j'ai des bonnes notes, j'irai au collège.
The French present tense has three different English equivalents. For example, je joue can mean all of the following:
❑ *I play.*
❑ *I am playing.*
❑ *I do play.*

If you wish to put an emphasis on the fact that something is happening right now, you can use verb être + en train de + infinitive. So, to say "I am watching (right now), you would say:Je suis en train de regarder.

Regular Verbs

In order to form the present tense correctly you need first to take the infinitive form of the verb, for example JouER, then remove the last two letters (ER), it becomes Jou, then add the endings from the table below, je joue, tu joues, il/elle/on joue, nous jouons, vous jouez, ils/elle jouent.

Here are the endings needed to form the present tense:

	jouer	finir	vendre
Je	jou<u>e</u>	fin<u>is</u>	vend<u>s</u>
Tu	jou<u>es</u>	fin<u>is</u>	vend<u>s</u>
il,elle,on	jou<u>e</u>	fin<u>it</u>	vend
Nous	jou<u>ons</u>	fin<u>issons</u>	vend<u>ons</u>
Vous	jou<u>ez</u>	fin<u>issez</u>	vend<u>ez</u>
Ils,elles	jou<u>ent</u>	fin<u>issent</u>	vend<u>ent</u>

Exercise 1: *Mettez les verbes entre parenthèses au présent.*

1) *Sylvie__ (travailler) à Paris.*
2) *Mon copain et moi, nous__ (accepter) votre défi.*
3) *Mon oncle et ma tante__ (chercher) un travail.*
4) *Tu__ (apporter) les DVDs ce soir.*
5) *Toi et ton copain__ (bavarder) trop dans la classe.*
6) *Je__ (commander) un tee-shirt en ligne.*
7) *Ils__ (habiter) en France.*
8) *Elle__ (déjeuner) chez Celeste.*
9) *Vous__ (dessiner) comme Picasso.*
10) *Nous__ (visiter) la Normandie.*

Exercise 2: *Traduisez les phrases suivantes en français.*

1) *I refuse to fail.*
2) *She cancels the order.*
3) *She speaks many languages.*
4) *You call your parents.*
5) *I decide where to go.*
6) *They are watching the match.*
7) *He goes to Spain every summer.*
8) *I eat vegetables when I can.*
9) *You learn fast.*
10) *They are looking for a new house.*

Exercise 3: *Traduisez les phrases suivantes en français.*

1) *I am doing my homework (right now).*
2) *I go to cinema on Friday.*
3) *You spend a lot of money.*
4) *You are watching football.*
5) *The girls like fashion.*
6) *We eat lunch.*
7) *He likes fast-food.*
8) *We finish our exam.*
9) *I drink coffee at Costa.*

Irregular Verbs

We looked at how to form the present tense in French with the regular verbs, learners always ask what are the rules to use the irregular verbs, in fact there are none, I always tell my students if you want to master the irregular verbs, try to identify patterns, for example:

For example:
  prendre – to take.
  comprendre- to understand

je	prends	je	comprends	
tu	prends	tu	comprends	
il	prend	il	comprend	
nous	prenons	nous	comprenons	
vous	prenez	vous	comprenez	
ils	prennent	ils	comprennent	

	avoir	être	aller
Je	ai	suis	vais
Tu	as	es	vas
Il,elle,on	a	est	va
nous	avons	sommes	allons
vous	avez	êtes	allez
Ils,elles	ont	sont	vont

	faire	pouvoir	vouloir
Je	fais	peux	veux
Tu	fais	peux	veux
Il,elle,on	fait	peut	veut
nous	faisons	pouvons	voulons
vous	faites	pouvez	voulez
Ils,elles	font	peuvent	veulent

	devoir	savoir	dire
Je	dois	sais	dis
tu	dois	sais	dis
Il,elle,on	doit	sait	dit
nous	devons	savons	disons
vous	devez	savez	dites
Ils,elles	doivent	savent	disent

10

Battre (to beat) com**battre** dé**battre**	je tu il,elle, on	bats bats bat	nous vous ils,elles	battons battez battent
Conduire (to drive) pro**duire** intro**duire** constr**uire** détr**uire** tra**duire** ré**duire**	je tu ill,elle,on	conduis conduis conduit	nous vous ils,elles	conduisons conduisez conduisent
Connaître (to know) re**connaître** (ap)par**aître**	je tu il,elle, on	connais connais connaît	nous vous ils,elles	connaissons connaissez connaissent
Craindre(to fear) se plaindre pe**indre** attei**ndre** étei**ndre**r estrei**ndre** (re)joi**ndre**	je tu il,elle, on	crains crains craint	nous vous ils,elles	craignons craignez craignent
Dire (to say) inter**dire** contre**dire**	je tu il,elle, on	dis dis dit	nous vous ils,elles	disons dites disent
Prendre (To take) ap**prendre** com**prendre** mé**prendre** re**prendre** sur**prendre**	je tu il,elle, on	prends prends prend	nous vous ils,elles	prenons prenez prennent
Mettre (To put) ad**mettre** com**mettre** compro**mettre** per**mettre** rem**mettre** sou**mettre** trans**mettre**	je tu il,elle, on	mets mets met	nous vous ils,elles	mettons mettez mettent
Venir (to come) re**venir** de**venir** con**venir** tenir contenir appartenir maintenir abstenir detemir entretenir inter**venir** obtenir par**venir** retenir soutenir sou**venir** sub**venir** sur**venir**	je tu il,elle, on	viens viens vient	nous vous ils,elles	mettons mettez mettent
Ecrire (to write) d**écrire**	je tu il,elle, on	écris écris écris	nous vous ils,elles	écrivons écrivez écrivent
Faire (to do) dé**faire**, satis**faire**	je tu il,elle, on	fais fais fait	nous vous ils,elles	faisons faites font
Lire (to read) é**lire**	je tu il,elle, on	lis lis lit	nous vous ils,elles	lisons lisez lisent

Offrir (to offer) ouvrir découvrir couvrir sou**ffrir**	je tu il,elle, on	offre offres offre	nous vous ils,elles	offrons offrez offrent
Partir (to leave) sortir dormir servir sentir mentir	je tu il,elle, on	pars pars part	nous vous ils,elles	partons partez partent
Rire (to laugh) sou**rire**	je tu il,elle, on	ris ris rit	nous vous ils,elles	rions riez rient
Suivre (to follow) pour**suivre**	je tu il,elle, on	suis suis suit	nous vous ils,elles	suivons suivez suivent
Vivre (to live) sur**vivre**	je tu il,elle, on	vis vis vit	nous vous ils,elles	vivons vivez vivent
Voir (to see) entre**voir** pré**voir**	je tu il,elle, on	vois vois voit	nous vous ils,elles	voyons voyez voient
Acheter (to buy) amener enlever geler lever ésperer posséder préférer répeter suggérer	je tu il,elle, on	achète achètes achète	nous vous ils,elles	achetons achetez achètent
Payer (to pay) balayer effrayer s'ennuyer envoyer essayer nettoyer renvoyer	je tu il,elle, on	paie paies paie	nous vous ils,elles	payons payez paient

Exercise 1: *Mettez les verbes au présent.*
Les verbes qui changent de é en è.

1) Elle ___(célébrer) le nouvel an.
2) Tu (céder) ___ta place à l'université
3) Nous(espérer) ___visiter Paris bientôt.
4) J' (espérer) ___passer mon permis.
5) Ils (préférer) ___ aller en Chine.
6) On (considérer) ___déménager en France.
7) Est-ce que vous (considérer)___vendre votre maison?
8) Mes parents s'(inquiéter) ___ pour moi.
9) Ils (exagérer) ___quand ils parlent avec moi.
10)Les conducteurs ne (céder) ___ pas le passage au rond point.

Exercise 2: *Mettez les verbes au présent.*
Les verbes qui changent de e en è.

1) Il se (lever) ___tôt le matin.
 2) Je (lever) ___ la main pour poser une quéstion.
3) J' (acheter) ___ des baskets.
4) il (ramener) ___ des gadgets à l'école.
5) Tu (ramener) ___ ta copine avec toi?
6) Tu (peser) ___le pour et le contre.
7) Ils (peser) ___plus que 100kg.
8) Je (promener) ___ le chien le soir.
9) Elle (soulever)___la valise.

Exercise 3: *Mettez les verbes au présent.*

1) Je (jeter) ___ un coup d'oeil sur l'article.
2) Ils (jeter) ___les ordures par la fenêtre.
3) Nous (jeter) ___ quelques pièces pour le musicien.
4) Il (appeler) ___ son copain le magicien.
5) Nous (appeler) ___ ça supercherie.

Exercise 4: *Mettez les verbes au présent.*

1) Je (payer) __ le prix.
2) Il (payer) __ les frais.
3) Je m'(ennuyer) __!
4) Vous (nettoyer) __ la cuisine ensemble.
5) Ils (employer) __ les SDF.
6) Il (ENVOYER) __ les invitations au mariage.
7) Les riches (envoyer) __ leurs enfants à des écoles privées.
8) Nous (essayer) __ de parler avec le directeur.
9) Ils (appuyer) __ sur le bouton en même temps.
10) Nous (appuyer) __ fort mais ça ne marche pas!

Exercise 5: *Mettez les verbes au présent.*

1) Je (changer) __ ma réponse.
2) Nous (changer) __ notre avis.
3) Nous (avancer) __ dans nos carrières.
4) Est-ce que vous (manger) __ la viande?
5) Nous (manger) __ que du poisson.

Exercise 6: *Mettez les verbes au présent.*

1) Les gens se (battre) __ pour la liberté.
2) Beaucoup d'entre eux (pouvoir) __ se tromper.
3) Les enfants (mourir) __ dans les guerres.
4) Les gens (devenir) __ de plus en plus racistes
5) Ils (apprendre) __ à parler français en vivant dans un pays francophone.
6) Ils ne (recevoir) __ pas assez d'informations
7) Les Français qui habitent en Angleterre (prendre) __ l'eurostar pour rentrer en France.
8) Les enfants ne (craindre) __ plus leurs parents.
9) Ils (mettre) __ les accents sur les lettres.
10) L'éducation (permettre) __ d'ouvrir nos yeux sur le monde.

Passé Composé

Le passé composé is used in French frequently in order to express any of the following:

I) An action completed in the past

Hier, j'ai regardé un film.
Yesterday, I have watched a movie.
Ils ont déjà fait les devoirs.
They have already done the homework.

II) A series of actions completed in the past

Quand je suis allé en France, j'ai visité le Louvre.
When I went to Paris, I visited Le Louvre.

The passé composé has three equivalents in English.
For example, j'ai parlé could mean:

I spoke (simple past)
I have spoken (present perfect)
I did speak (past emphatic)

How you conjugate the passé composé depends on   whether the verb takes avoir or être

Formation with AVOIR Verbs

Avoir (present tense)	Past participle formation
J'ai	For *verbs ending with* ER , remove the ER
Tu as	and add an é. (jou*ER*/ joué)
Il, elle, on a	For verbs ending with IR, remove the IR
Nous avons	and add an i (fin*IR*/ fini)
Vous avez	For verbs ending with RE, remove the
Ils, elles ont	RE and add u (vend*RE*/ vendu

For example: *Jouer*-to play
J'ai jou<u>é</u>   (I have Played)   Nous avons jou<u>é</u> (we have played)
Tu as jou<u>é</u>   (You have played)   Vous avez jou<u>é</u>   (You have played)
Il,elle,on a jou<u>é</u> (he/she has. wehave played)   Ils,elles ont jou<u>é</u> (They have played)

A number of verbs have an irregular past participle. Similarly, like we mentioned for the present tense, it is easy to identify patterns for the irregular verbs.
Eg: prendre – to take.
   comprendre- to understand

J'ai	pris	J'ai	**com**pris
Tu as	pris	Tu as	**com**pris
Il,elle, on a	pris	Il a	**com**pris
Nous avons	pris	Nous avons	**com**pris
Vous avez	pris	Vous avez	**com**pris
Ils,elles ont	pris	Ils,elles ont	**com**pris

The following verbs need to be learnt off by heart as you will use them frequently.

	avoir	être	faire
J'ai	eu	été	fait
Tu as	eu	été	fait
Il,elle,on a	eu	été	fait
Nous avons	eu	été	fait
Vous avez	eu	été	fait
Ils,elles ont	eu	été	fait

	devoir	pouvoir	vouloir
J'ai	dû	pu	voulu
Tu as	dû	pu	voulu
Il,elle,on a	dû	pu	voulu
Nous avons	dû	pu	voulu
Vous avez	dû	pu	voulu
Ils,elles ont	dû	pu	voulu

Battre (to beat) dé**battre** com**battre**	j' tu il,elle,on	ai as a	battu battu battu	nous avons vous avez ils,elles ont	battu battu battu
Conduire (to drive) prod**uire** intro**duire** construire détruire trad**uire** ré**duire**	j' tu il,elle,on	ai as a	conduit conduit conduit	nous avons vous avez ils,elles ont	conduit conduit conduit
Connaître (to know) re**connaître** (ap)paraître disparaître	j' tu il,elle,on	ai as a	connu connu connu	nous avons vous avez ils,elles ont	connu connu connu
Craindre (to fear) Contraindre Peindre Atteindre Éteindre restreindre (re)joindre	j' tu il,elle,on	ai as a	craint craint craint	nous avons vous avez ils,elles ont	craint craint craint
Dire (to say) Pré**dire** Inter**dire** contre**dire**	j' tu il,elle,on	ai as a	dit dit dit	nous avons vous avez ils,elles ont	dit dit dit
Prendre (to take) ap**prendre** com**prendre** entre**prendre** mé**prendre** re**prendre** sur**prendre**	j' tu il,elle,on	ai as a	pris pris pris	nous avons vous avez ils,elles ont	pris pris pris
Mettre (to put) admettre com**mettre** compro**mettre** per**mettre** rem**mettre** sou**mettre** trans**mettre**	j' tu il,elle,on	ai as a	mis mis mis	nous avons vous avez ils,elles ont	mis mis mis
Ecrire (to write) d**écrire**	j' tu il,elle,on	ai as a	écrit écrit écrit	nous avons vous avez ils,elles ont	écrit écrit écrit
Offrir (to offer) ouvrir découvrir couvrir souffrir	j' tu il,elle,on	ai as a	offert offert offert	nous avons vous avez ils,elles ont	offert offert offert

Faire (to do) défaire satisfaire	j' ai	fait	nous avons	fait
	tu as	fait	vous avez	fait
	il,elle,on a	fait	ils,elles ont	fait
Lire (to read) élire	j' ai	lu	nous avons	lu
	tu as	lu	vous avez	lu
	il,elle,on a	lu	ils,elles ont	lu
Rire (to laugh) sourire	j' ai	ri	nous avons	ri
	tu as	ri	vous avez	ri
	il,elle,on a	ri	ils,elles ont	ri
Suivre (to follow) poursuivre	j' ai	suivi	nous avons	suivi
	tu as	suivi	vous avez	suivi
	il,elle,on a	suivi	ils,elles ont	suivi
Vivre (to live) survivre	j' ai	vécu	nous avons	vécu
	tu as	vécu	vous avez	vécu
	il,elle,on a	vécu	ils,elles ont	vécu
Voir (to see) prévoir entrevoir	j' ai	vu	nous avons	vu
	tu as	vu	vous avez	vu
	il,elle,on a	vu	ils,elles ont	vu

Agreements with AVOIR verbs

You only need to make the verbs using avoir agree if you decide to start your sentence with the direct object instead of starting with the subject, look at the example below:

J'ai acheté une fleure.   I bought a flower
J= subject
ai acheté= verb
une fleure= direct object

Since the verb is reflecting the action of the subject "j", I bought the flower, no addition is required to the verb.

Note- if you wish to start your sentence with the direct object rather than the subject, then the verb needs to agree with the object, i.e if the object is feminine you need to add an "e" to the verb, if the direct object is plural than you need to add an s to the verb, therefore the sentence becomes like the following:

La fleure que j'ai achetée   The flower that I bought

Since the verb is reflecting the action of the object that has been bought"The flower" , the flower I bought, the flower is feminine we are adding an e to the verb.

The plural form would be:
Les fleures que j'ai achetées.   *The flowers that I bought*

Since the verb is reflecting the action of the object that has been bought"The flowers" , the flowers I bought, the flowers are feminine and plural, we are adding an es to the verb.

Exercise 1: *Mettez les verbes entre parenthèses au passé composé.*

1) Il ___ (inviter) ses parents pour Noël.
2) Nous ___ (refuser) de participer.
3)Tu ___ (travailler) beaucoup cette semaine.
4)Il ___ (aimer) la leçon.
5) Elle ___ (apporter) ses affaires.
6) J' ___ (voyager) en car.
7) Vous ___ (louer) ce costume.
8) Elle ___ (sous-titrer) le film.
9) Vous ___ (téléphoner) à vos parents.
10) Tu ___ (assister) au cours d'histoire?

Exercise 2: *Mettez les verbes entre parenthèses au passé composé.*

1) Ils ___ (investir) dans ce projet.
2) Il ___(applaudir) le spectacle.
3) Elles ___ (réfléchir) à la quéstion.
4) Le chauffeur ___(ralentir) au rond point.
5) Ils ___ (attendre) leur ami Sam.
6) Nous ___ (réussir) notre coup cette fois.
7) Elle ___ (perdre) ses documents.
8) Tu ___ (grandir) si vite.
9) Elle ___ (sentir) son parfum.
10) Mon copain ___ (vendre) sa voiture.

Formation avec être

*You may remember that some verbs do not use the verb **avoir** in the past tense in French, they use the verb **être i**nstead, in order to help you memorise them we called them **Mrs Van De Tramp**, in addition to that all reflexive verbs they use the verb **être** instead of **avoir.***

MONTER =TO CLIMB
RETOURNER=TO RETURN
SORTIR=TO GO OUT
VENIR =TO COME
ALLER =TO GO
NAÎTRE=TO BE BORN
DESCENDRE=TO DESCEND
ENTRER =TO ENTER
TOMBER =TO FALL
RESTER =TO STAY
ARRIVER=TO ARRIVE
MOURIR =TO DIE
PARTIR =TO LEAVE

être in the present tense	Past participle formation
Je suis	For verbs ending with ER , remove the
Tu es	ER and add an é. (jouER/ joué)
Il, elle, on est	For verbs ending with IR, remove
Nous sommes	the IR and add an i (finIR/ fini)
Vous êtes	For verbs ending with RE, remove
Ils, elles sont	the RE and add u (vendRE/ vendu

Note- there are few exceptions:
Naître= né
Mourir= mort
(de)venir= (de)venu

The big difference between avoir and être verbs is that with être, the past participle has to agree with the subject. You need to add an **e** to make it feminine, and an **s** to make it plural. For example:

Je sui allé	I went
Elle est allé**e**	She went
Ils sont allé**s**	They went (m)
Elles sont allé**es**	They went (f)

Exercise 3: Mettez les verbes entre parenthèses au passé composé.

1) Pascal ___ (monter) dans les échelons?
2) Nous ___ (rentrer) tard hier soir. (deux filles)
3) Il ___ (tomber) dans les éscaliers.
4) Ils ___ (descendre) dans le grade.
5) Elles ___ (revenir) de Paris jeudi.
6) Il ___ (partir) il y a deux jours.
7) Elle ___ (aller) en vacances.
8) Jean-Paul ___ (aller) au rendez-vous.
9) Son père ___ (mourir) il y a six mois.
10) Il ___ (rester) en deuil pendant un mois.

Extra Points to Remember!!

❑ If you wish to form negative then the ne and pas go like sandwich on the auxiliary verb. For example:je ne suis pas monté or je n'ai pas parlé
❑ Some of the verbs of Mrs Van De Tramp can also be used with avoir and the meaning will change, these verbs are (sortir, rentrer, monter, descender, passer, retourner).

For example:
Elle est sortie tard le matin.
She went out late in the morning.
Elle a sorti la poubelle.
She took the rubbish out.

Je suis passé par cette route avant.
I passed from this route before.
J'ai passé une semaine en France.
I spent one week in France.

❑ In order to form the past tense for the reflexive verbs, do not forget to use je me, tu te, il se, nous nous, vous vous, ils se before the auxiliary. For example- je me suis levé, tu t'es levé, il *s'est levé, nous nous sommes levés, vous vous êtes levés, ils se sont levés.*

Exercise 4: *Mettez les verbes entre parenthèses au passé composé.*

1) Ils ___ (se promener) dans les ruelles.
2) Il ___ (se douter) de quelqu'un.
3) Ellie et Stephanie ___ se maquiller) pour sortir en boite.
4) Ils ___ (s'écrire) depuis tout petits.
5) Jean et moi (David) nous ___ (s'arrêter) à Lyon.
6) Louis et Karim ___ (s'occuper) de tous les détails.
7) Patricia et Marie ___ (se balader) tout au long La Seine.
8) Ils ___ (se rencontrer) par hasard.
9) Tu ___ (se couper) les cheveux.
10) Nous ___ (se demander) comment il a pu faire ça?(deux hommes)

The Imperfect Tense

The French imperfect (l'imparfait) is a used for describing an action in the past which has been ongoing or a repeated action in the past. The imperfect is very often translated in English as "was/were" , "used to .." or "was -ing." The imperfect can indicate any of the following:

I) Habitual actions or repeated action.
Quand j'étais petit je jouais au piano.
When I was little I used to play piano.

II) Physical and emotional descriptions: time, weather, age, feelings

Il faisait beau et il y avait du soleil.
It was nice weather and it was sunny.

III) Background information in conjunction with the passé composé
Hier, je faisais mes devoirs, quand j'ai entendu un bruit fort.
Yesterday I was doing my homework, when I heard a loud noise.

IV) suggestions
Si on prenait un café?
How about we have a coffee?

V) Conditions in Si (if) clauses
Si j'avais beaucoup d'argent, j'acheterais une voiture.
if I had a lot of money, I would buy a car.
Si j'etais le directeur, je changerais l'uniforme.
If I were the principal, I would change the uniform.

Forming the imperfect

In order to form the imperfect tense in French, you need to follow the steps:
1) take the nous form of the verb in the present tense. For example, jouer= nous jouons, finir= nous finissons, vendre= nous vendons.
2) take out the ons from the verb, so you will have what we call a stem. Jou, finiss, vend.
3) add the imperfect endings to the stems   ais, ais, ait, ions, iez, aient.

For example- jouer=to play

Je jou**ais**	nous jou**ions**
Tu jou**ais**	vous jou**iez**
Il,elle, on jou**ait**	Ils,elles jou**aient**

Note- the only exception is the verb être, the stem becomes "ét" since the nous form of the verb in the present tense is nous sommes and it does not end with ons, therefore we are not able to apply the above rule, the result will be j'étais, tu étais, il était, nous étions, vous étiez, ils étaient.

Remember!

Verbs that end in –cer and –ger make changes to keep the g and c sounds soft in the present tense.

❑ **-ger verbs:** add an **e** after the **g**

❑ **-cer verbs** change the **c** to a **ç**

Je mangeais, je voyageais, je commençais.

Exercise 1: *Mettez le verbe entre parenthèses à l' imparfait.*

1) Il(voyager) ___ en car (l'euroline).
2) Tu(faire) ___ du ski?
3) Nous(être) ___ heureux de te voir.
4) Ils(boire) ___ du thé avec du lait.
5) J'(être) ___ triste de le voir perdre.
6) Nous(aimer) ___ manger chinois.
7) Elles(partager) ___ les secrets.
8) Il(prendre) ___ des vacances chaque trois mois.
9) Il (encourager) ___ les jeunes.
10) Vous (aller) ___ en France pendant les vacances?

Exercise 2: *Mettez le verbe entre parenthèses à l' imparfait.*

1) Il(croire) ___ tout ce qu'il entendait.
2) J'(être) ___ trop fatigué.
3) Elle(penser) ___ à ses parents.
4) Il(espérer) ___ les voir bientôt.
5) Elle (avoir) ___ le chagrin.
6) Je (savoir) ___ toute la vérité.
7) Nous(être) ___ très proche.
8) Vous(paraître) ___ surpris.
9) L'affaire(être) ___ triste.
10) Il(faire) ___ froid.

Exercise 3: *Mettez le verbe entre parenthèses à l' imparfait.*

1) Nous(suivre) ___ les instructions.
2) Je (faire) ___ des cours de dance.
3) C'(être) ___ touchant.
4) Nous(faire) ___ la cuisine italienne.
5) Elles (habiter) ___ au centre ville.
6) Nous(boire) ___ du thé.
7) Ils (assister) ___ les cours.
8) Elle (faire) ___ du sport.

Exercise 4: *Traduisez les phrases en français.*

1) I used to play football every day.
2) You were eating when I called you.

3) We were sleeping when you arrived.
4) The shop was dull.
5) It was hot in the house.
6) They looked happy.
7) He used to work at Selfridges.
8) We were waiting for the train when you called.
9) I knew they were right.

The Passé Composé VS the Imperfect

English speakers when learning French often ask whether to use the passé composé (perfect tense) or l'imparfait (the imperfect) when talking about actions in the past.

We have mentioned previously that le passé compose is used to describe an action that has been completed in the past whereas l'imparfait is used to describe an ongoing or repeated action in the
past.

I) Incomplete action or Complete
The imperfect describes an ongoing action with no specified ending:
J'allais en France.   I used to go to France.

The passé composé expresses one or more events or actions that started and ended in the past:

Le mois dernier, je suis allé en France.
Last month I went to France.

II) Habitual action or Occasional
The imperfect is used for habitual or repeated actions, something that happened on numerous occasions:
J'allais en Espagne chaque été.
 I travelled (used to travel) to Spain every summer.

The passé composé talks about a single event, or an event that happened on specific occasion:

 Il y a deux ans, j'ai visité La Normandie.
 I visited Normandy two years ago.

III) Ongoing action or New
The imperfect describes a general physical or mental state of being:

Je mangeais sushi.   I used to eat sushi.

The passé composé indicates a change in physical or mental state at a precise moment:

J'ai mangé des escargots pour la première fois.
 I ate snails for the first time.

IV) Background with an Interruption
The imperfect and passé composé sometimes can be used together - the imperfect describes what was happening (past tense of "be" + verb with -ing usually indicates this) when something (expressed with the passé composé) interrupted.

 Je faisais mes devoirs quand mon père est arrivé.

I was doing my homework when my father came home.

Exercise 1: *Dites c'est le passé compose ou l' imparfait?*

1) Je (aller) ___ en France, l'an dernier.
2) Quand il (être) ___ jeune, il (jouer) ___ au ping pong.
3) À cette periode, ils (tenir) ___ un magasin.
4) Ils (randonner) ___ à la montagne l'an dernier.
5) Nous (dîner) ___ à la même heure.
6) Si on (prendre) ___ un thé?
7) Tu (avoir) ___ l'air heureux.
8) Ill (écrire) ___ un email à son fils tous les jours.
9) Je (regarder) ___ une comedie quand il ___ (arriver).
10) La prison (être) ___ très engorgée.

Exercise 2: *Dites c'est le passé compose ou l' imparfait?*

1) J' ___ (visiter) la Normandie l'an dernier.
2) La plage ___ (être) belle!
3) Une pompe d'eau ___ (éclater) hier soir.
4) Mes copains ___ (arriver) hier.
5) Nous ___ (passer) des bonnes vacances.
6) Il ___ (avoir) l'air triste.
7) Hier, il ___ (trouver) son boulot ennuyeux.
8) J' ___ (devoir) faire mes devoirs hier soir.
9) J' ___ (recevoir) ton email, il y a deux minutes.
10) Quand nous ___ (être) à Paris, nous ___ (aller) souvent à Saint Michel.

Future Tense

In French there are two ways of describing actions in the future – **futur proche(near future)** and the **futur simple**(simple future).

Futur Proche
This is the easiest to form, it is used to talk about actions that is going to take place in the near future. It is formed by using the present tense of aller and the infinitive of the second verb.

Parler= To speak

Je vais parler	I'm going to speak
Tu vas parler	You're going to speak
Il va parler	He is going to speak
Nous allons parler	We're going to speak
Vous allez parler	You're going to speak
Ils, elles vont parler	They're going to speak

Remember! VAI for Verb Aller and the Infinitive.

Exercise 2: *Mettez les verbes au future proche.*

1) Nous ___ une voiture. (acheter)

2) Il ___ un congé. (prendre)
3) Vous ___ dans ce projet. (investir)
4) Elle ___ dix-huit ans bientôt. (avoir)
5) Il ___ ce produit. (promouvoir)
6) Il ___ nomé directeur. (être)
7) Nous ___ le nom. (choisir)
8) Tu ___ chez tes parents? (dîner)
9) Ils ___ en Bretagne. (déménager)
10) Elle ___chez Apple. (travailler)

Futur simple

The simple future is used to talk about actions that will happen, it is formed by taking the infinitive and add on the following endings:

Finir= to finish

Je finirai	*I will finish*
Tu finiras	*you will finish*
Il finira	*He will finish*
Nous finirons	*We will finish*
Vous finirez	*You will finish*
Ils finiront	*They will finish*

Note- if you are forming the verbs with RE-e.g Vendre, then when using the infinitive you need to drop the final E (Je vendrai, tu vendras, il vendra, nous vendrons, vous vendrez, ils vendront).

Rememer! IAE Infinitive and Add the Endings.

Exercise 2: *Mettez au futur simple les verbes entre parenthèses.*

1) Vous ___ (suivre) ce chemin.
2) Nous ___ (dîner) chez mes parents.
3) Tu ___ (entendre) la sonnerie.
4) Il ___ chercher) l'adresse sur google.
5) Elle ___ (ne jamais oublier) son ancienne copine.
6) Je ___ (travailler) le matin.
7) Nous ___ (rendre visite) à ma tante.
8) Il ___ (finir) le boulot à 22h.
9) On ___ (remplacer) les mauvaises habitudes.
10) Tu ___ (partir) quand?

Some verbs have irregular stems. You have to memorise them! Or you can use the near future instead.

In the list below the future stem has been given in bold and the 'je' endings added to show how it is conjugated, for the other subject pronouns (tu, il, nous, vous, ils. Simply add their endings as

mentioned above, e.g- j'irai, tu iras, il ira, nous irons, vous irez, ils iront).

aller	*J'irai*	*avoir*	*J'aurai*
être	*Je serai*	*faire*	*Je ferai*
venir	*Je viendrai*	*mourir*	*Je mourrai*
voir	*Je verrai*	*savoir*	*Je saurai*
tenir	*Je tiendrai*	*vouloir*	*Je voudrai*
courir	*Je courrai*	*envoyer*	*J'enverrai*
falloir	*Il faudra*	*pleuvoir*	*Il pleuvra*

Exercise 3: *Mettez au futur simple les verbes entre parenthèses.*

1) Il ___ (être) present avec nous.
2) Pascal ___ (faire) un apprentissage chez Apple.
3) Tu ___ (savoir) si tu es capable de le faire.
4) Nous ___ (avoir) les mêmes costumes.
5) Abdel ___ (aller) à l'université.
6) Il ___ (préférer) prendre un cours de Maths.
7) Nous ___ (voir) le dernier film de Robert De Niro.
8) Il ___ (falloir) m'appeler demain.
9) Elle ___ (pouvoir) venir chez moi.
10) Il ___ (pleuvoir) la semaine prochaine.

Exercise 4: *Mettez au futur simple les verbes entre parenthèses.*

1) Tu___(aller) à l'université quand tu ___ (finir)le collège.
2) Nous ___ (prendre) sa place
3) Le spectacle ___ (avoir) lieu le chanteurs ___ (être) réunis.
4) Stephanie ___ (emmener) les enfants au ciné dès qu'elle ___(pouvoir).
5) Il ___ (devoir) m'appeler dès qu'il ___ (être) chez lui.
6) Elle ___ (enseigner) le français quand elle ___ (habiter) en Angleterre.
7) Nous ___ (jouer) Monopolie quand nous ___ (rendre visite) à Laurent.
8) Il ___ (se reposer) quand il ___ (avoir) de longs week-ends.
9) Dès qu'il ___ (obtenir) sa licence, il ___ (partir) au Japon.

Conditional Mood

The conditional is used to express a wish, hypothesis or an action based on condition, it is formed by taking the infinitive (Similarly to the future tense) and add on the imperfect endings.

Finir= to finish

Je finir*ais*	I would finish
Tu finir*ais*	you would finish
Il finir*ait*	He would finish
Nous finir*ions*	We would finish
Vous finir*iez*	You would finish
Ils finir*aient*	They would finish

Note- 1) If you are forming the verbs with RE-e.g Vendre, then when using the infinitive you need to drop the final E (je vendrais, tu vendrais, il vendrait, nous vendrions, vous vendriez, ils vendraient)
2)The same verbs that are irregular in the future are irregular in the conditional – the only difference is the ending which you add to the irregular stem.

aller	J'**ir**ais	avoir	J'**aur**ais
être	Je **ser**ais	faire	Je **fer**ais
venir	Je **viend**rais	mourir	Je **mourr**ais
voir	Je **ver**rais	savoir	Je **sau**rais
tenir	Je **tiend**rais	vouloir	Je **voud**rais
courir	Je **cour**rais	envoyer	J'**enver**rais
falloir	Il **faud**rait	pleuvoir	Il **pleuv**rait

Uses of the Conditional
We use the conditional in the following situations:

I) An action based on another action

To talk about an action which is dependent on another action. It is translated in English as – 'would'. For example:

Si je gagnais au lotto, j'acheterais une Ferrari.
If I win the lottery, I would buy Ferrari

In this sentence the action of buying the car depends on you winning the lottery.

Note that the verb stating what you would do is in the conditional, and the verb in the 'if' part of the sentence is in the imperfect.

II) To make a statement or polite request.

Pourriez-vous tenir ces documents pour moi?
Could you please hold these documents for me?

Exercise 1: *Mettez les verbes entre parenthèses au conditionnel. Utilisez l'inversion si vous voulez.*

1) Vous ___ (aller) au cinéma demain?
2) Nous ___ (passer) chez Manu après le match?
3) Nous ___ (changer) le sous-titre en anglais?
4) Tu ___ m'acheter) le maillot de foot de Ronaldo?
5) Il ___ (signer) mon congé?
6) Vous ___ (pouvoir nourrir) mon chien?
7) Elle ___ (prendre) ma valise?
8) Vous ___ (aller) en vacances?
9) Nous ___ (pouvoir) faire les devoirs ensemble?
10) Ils ___ (accompagner) les filles à la fête?

Exercise 2: *Conjuguez les verbes entre parenthèses avec l'imparfait et le conditionnel.*

1) Si j' (avoir) plus d'argent, je (voyager) souvent.
2) S'ils (attendre) jusqu'à la fin des soldes, ils (obtenir) ces article moins chèrs.
3) Si nous (planter) des arbres, nous (avoir) plus d'oxygène.
4) Si je (vendre) ma moto, je (pouvoir) acheter une voiture.
5) Si vous les (inviter), nous (être) en colère.
6) Si mon ordinateur (tomber) en panne, je (piquer) une dépression.
7) Si elle (avoir) plus de temps, elle (venir) en vacances avec nous.
8) Si vous (s'organiser), vous (être) plus éfficace.
9) Si tu (dormir) moins d'heures, tu (avoir) des problèmes de santé.

Exercise 3: *Traduisez les phrases suivantes:*

1) He would go to London if he had more money.
2) She would buy this car if it were red.
3) We would be happy if you came this evening.
4) I would write an email.
5) I would invite Sylvain if I went to Lyon.

6) *She would eat vegetables if she could not find halal food.*

Pluperfect

The French pluperfect is used to express two actions both happened in the past one before another, the superseding action is expressed in the pluperfect.

J'avais quitté la maison (quand tu as appelé).
I had left the house (when you called).

The French past perfect (Pluperfect) has two components:
❑ *Imperfect of the auxiliary verb (either avoir or être)*
❑ *past participle of the main verb*

Note: the pluperfect may be subject to grammatical agreement:

❑ *When the auxiliary verb is **être**, the past participle must agree with the subject*

❑ *When the auxiliary verb is **avoir**, the past participle may have to agree with its direct object*

Manger= to eat

J'avais mangé
Tu avais mangé
Il/elle/on avait mangé
Nous avions mangé
Vous aviez mangé
Ils/elles avaient mangé

Venir= to come

J'étais venu(e)
Tu étais venu(e)
Il/elle/on était venu(e)
Nous étions venu(e)s
Vous étiez venu(e)s
Ils/elles étaient venu(e)s

Exercise 1: *Mettez les verbes au plus-que-parfait.*

1) J' (diner) ___ chez Celeste.
2) Elle (expliquer) ___ le problème.
3) Vous (investir) ___ dans leur entreprise.
4) Elles (arriver) ___ avant son rendez-vous.
5) Tu (décider) ___ de participer.
6) Nous (rouler) ___ pendant la nuit.
7) Il (échouer) ___ son permis de conduire.
8) Tu (aller) ___ avec Pascal.
9) J' (obtenir) ___ une licence.
10) Il (boire) ___ beaucoup.

Exercise 2: *Mettez les verbes au plus-que-parfait.*

1) Il (prendre) ___ sa voiture.

2) Nous (se réveiller) ___ à l'heure.
3) Tu (se demander) ___ s'il allait venir.
4) Elle (s'habiller) ___ en vampire.
5) Ils (se marier) ___ aux Caraïbes.
6) Louise et Julie (se coucher) ___ dans le salon.
7) Il (se souvenir) ___ de moi.
8) Nous (se promener) ___ dans les petites ruelles de Paris.
9) Elle (se reposer) ___ pendant une heure.
10) Elles (s'écrire) ___ pendant des semaines.

Exercise 3: *Mettez les verbes au plus-que-parfait.*

1) Je lui ai demandé si elle (avoir) ___ mal.
2) Je (ne pas expliquer) ___ ce qu'il fallait faire.
3) Le dentiste lui (préscrire) ___ des antibiotiques.
4) Il (oublier) ___ la date de son rendez-vous.
5) Quand Anne est arrivée, Paul (partir) ___.
6) Matthieu (inviter) ___ tous ses copains.
7) Elle (rencontrer) ___ son acien copain par hasard.
8) il (souffrir) ___ de son dos.
9) Elle (recevoir) ___ ses cadeaux de Noël.

Exercise 4: *Traduisez les phrases suivantes:*

1) He took the antibiotic the dentist had prescribed to him.
2) He knew they had caused him a problem.
3) He was upset because he had invited Bernard.
5) Why he had invited him knowing that we do not get on well?
5) I thought they had understood what needed to be done.
6) They were tired because they had been on route for several hours.
7) He was happy to meet Marie because he had not seen her for years.
8) We thought she had met him already.
9) We thought he had written to her.

Future Perfect and Conditional Perfect
Future Perfect

The French future perfect (futur antérieur) is used like the English future perfect: to describe an action that will have happened or will be finished by a specific point in the future.

Quand tu viendras il sera déjà parti.
When you will come, he will have left.

Il lui aura écrit l'email la semaine prochaine.
He will have written the email to him next week.

Forming the future perfect
It will depend if the past participle used avoir ou être in the past tense, for example, aller use être in the past tense, therefore in order to form the future perfect we need to use the verb être in the simple future and add the past participle (See the table below).

Note- If you use être then the past participle need to agree with the subject in gender and number.
Il sera mort.   He will be dead.

Elle sera morte. She will be dead.
Ils seront morts. They will be dead
Elles seront mortes. They will be dead.

avoir in the future	Jouer	finir	vendre
J'aurai	joué	fini	vendu
Tu auras	joué	fini	vendu
Il aura	joué	fini	vendu
Nous aurons	joué	fini	vendu
Vous aurez	joué	fini	vendu
Ils auront	joué	fini	vendu

être in the future	aller	partir	descendre
Je serai	allé	parti	descendu
Tu seras	allé	parti	descendu
Il sera	allé	parti	descendu
Nous serons	allé	parti	descendu
Vous serez	allé	parti	descendu
Ils seront	allé	parti	descendu

Exercise 1: *Mettez les verbes au futur antérieur.*

1)Elle ___ (apprendre) à conduire les voitures automatiques.
2) Il ___ (finir) le projet avant la fin de la semaine.
3) Nous ___ (visiter) les jardins de Monet.
4) Alexis et Aurelie ___ (trouver) les informations.
5) On ___ (découvrir) une nouvelle planete.
6) J' ___ (répondre) à sa lettre.
7) Elle ___ (se reposer) de son voyage.
8) Ils ___ (compléter) la décoration.
9) Il ___ (mourir) dans dix ans.
10) J' ___ (voir) toutes les photos.

The Conditional Perfect

The French conditional perfect, or past conditional, is used just like the English conditional perfect: to express an action that would have occurred if the past circumstances had been different.

I) Si (if) clause with the condition in the pluperfect:
Si je l'avais su, je l'aurais vendu.
If I had known, I would have sold it

II) To express an unrealised desire in the past:

J'aurais dû la faire, mais j'ai complètement oublié.
I should have done it, but I had completely forgotten.

III) Uncertain / unverified fact:

Il y aurait eu un affrontement entre les jeunes et la police.
A confrontation between the youth and the police has been reported.

avoir in the conditional	Jouer	finir	vendre
J'aurais	joué	fini	vendu
Tu aurais	joué	fini	vendu
Il aurait	joué	fini	vendu
Nous aurions	joué	fini	vendu
Vous auriez	joué	fini	vendu
Ils auraient	joué	fini	vendu

être in the conditional	aller	partir	descendre
Je serais	allé	parti	descendu
Tu serais	allé	parti	descendu
Il serait	allé	parti	descendu
Nous serions	allé	parti	descendu
Vous seriez	allé	parti	descendu
Ils seraient	allé	parti	descendu

Note- If you use être then the past participle need to agree with the subject in gender and number.

Il serait mort.	He would be dead.
Elle serait morte.	She would be dead.
Ils seraient morts.	They would be dead
Elles seraient mortes.	They would be dead.

Exercise 2: Mettez les verbes au passé du conditionnel.

1) Nous ___ (dîner) Chez Achille.
2) Elle ___ (visiter) d'autres pays.
3) Elle ___ (voir) la pièce.
4) Ils ___ (inviter) Etienne.
5) Il ___ (faire) la décoration.
6) Ils ___ (vendre) leur fauteuil.
7) Vous ___ (arriver) à l'heure.
8) Ce film ___ (avoir) un succès.
9) Nous ___ (venir) l.

Exercise 3: Traduisez les phrases suivantes.

1) Fabien will have written his first script.
2) Amelie will have finished her piano lesson when you'll arrive.
3) They will have learned conjugation before the end of the lesson.
4) When Carole will have obtained her driving licence, she will go to Marseille by car.
5) He will have seen her by Tuesday.
6) I would have liked to be a comedian.
7) You should have not sold it.

Present Subjunctive

❑ The subjunctive is not a tense. Tenses describe when an action happens. The subjunctive is a *mood which means that it tells us how the speaker feels about the action.*

For example:
je vais à Paris
I go/I am going to Paris (Present tense)
*Il faut que **j'aille** à Paris.*
*I must go to Paris. (**Subjunctive**)*

❑ *It depends how the actions or situations are considered to be (certain/uncertain, possible/probable, possible/impossible etc.)*

For example:
Je suis certain qu'il a le talent pour réussir.
(100% certain, therefore present tense)
Il est probable qu'il a le talent pour réussir.
(75% chance, therefore present tense too)
*Il est possible qu'il **ait** le talent pour réussir.*
*(50% chance, therefore **subjunctive**)*

Regular verbs:
❑ *Take the 3rd person plural form of the present tense of the verb*
❑ *Remove the -ent ending*
❑ *Add the following subjunctive endings*

	Jouer	finir	vendre
Je	joue	finisse	vende
Tu	joues	finisses	vendes
Il, elle, on	joue	finisse	vende
Nous	jouions	finissions	vendions
Vous	jouiez	finissiez	vendiez
Ils, elles	jouent	finissent	vendent

Uses of the Subjunctive
We use the subjunctive in the following situations:

I) A will, wish or necessity

For example: il voudrait que tu viennes avec nous.
(He would like you to come with us).

II) A doubt or a fear
For example: j'ai peur qu'elle soit en retard.
(I am afraid that she might be late).

III) Emotions or opinions
For example: je préférerrais qu'il soit moins timide.
(I would rather that he were less shy).

IV) After certain conjunctions with que
For example: pour vu qu'il ait des bonnes notes.
(provided that he has good marks).

31

□ *Conjunctions indicating an aim: afin que (so that), pour que (in order that)*
□ *Time phrases: avant que (before that), jusqu'à ve que (until that),........*
□ *Conditions: à moins que (unless), pourvu que (provided that), à condition que (on condition that)*
□ *Sentences starter with que: que je finesse ou pas. (Whether I finish or not)*
□ *Quel que soit la raison. (whatever is the reason).*

Here are the irregular verbs:

	aller	faire	pouvoir
Je	aille	fasse	puisse
Tu	ailles	fasses	puisses
Il, elle, on	aille	fasse	puisse
Nous	allions	fassions	puissions
Vous	alliez	fassiez	puissiez
Ils, elles	aillent	fassent	puissent

	savoir	avoir	être
Je	sache	aie	sois
Tu	saches	aies	sois
Il, elle, on	sache	ait	soit
Nous	sachions	ayons	soyons
Vous	sachiez	ayez	soyez
Ils, elles	sachent	aient	soient

Vouloir: *je veuille, tu veuilles, il veuille, nous voulions, vous vouliez, ils veuillent.*

Exercise 1: *Mettez les verbes au subjonctif présent.*

1) Je veux que tu ___ avec nous. (venir)
2) Je ne pense pas qu'il ___ son tour. (attendre)
3) Il faut que nous ___ à l'heure. (arriver)
4) J'ai peur qu'il ne ___ pas la meilleure option. (choisir)
5) Il souhaite que je ___ en Australie. (partir)
6) Elle est contente que vous ___ avec eux. (jouer)
7) Je veux qu'il ___ à mes emails. (répondre)
8) Espérons qu'elle ___ par accepter notre offre. (finir)
9) Il viendra avant que nous ___. (partir)
10) Je doute qu'il ___ de venir. (accepter)

Exercise 2: *Mettez les verbes au subjonctif présent.*

1) Je veux que tu ___ au marché. (aller)
2) J'ai peur qu'il ne ___ pas prêt pour les vacances. (être)
3) Il faut que nous ___ les préparatifs. (faire)
4) J'ai peur qu'il ne ___ pas participer au concours. (vouloir)
5) Il souhaite que j' ___ avec lui. (aller)
6) Elle est contente que vous ___ lui rendre visite. (pouvoir)
7) Je doute qu'elle ___ le talent pour jouer ce rôle. (avoir)
8) Je veux qu'il ___ avec elle. (aller)
9) Avant que nous le ___ (savoir), il sera là.
10) Je doute que tu ___ l'intelligence necessaire. (avoir)

Exercise 3: *Traduisez en français.*

1) I want you (tu) to see it.
2) He doubts (that) you are serious.
3) It is important for them to attend.
4) Whatever is the price, I would buy it.
5) It's necessary that they be on time.
6) They must work hard so that they finish the project.
7) You study so that you (tu) can go to university.
8) I am afraid that he does not love her.
9) I suggest that you (tu) do your homework.
10)It is possible that he is not coming.

Present Participle

The French **present participle** is similar to the English Present Participle: it is the **-ing form** of the verb. For all the verbs except three irregular verbs shown below, the French present participle is formed by **dropping -ons** from the **nous form** of the present tense and **adding -ant**.

	manger	finir	vendre
Nous form (present)	mangeons	finissons	vendons
Present participle	mangeant	finissant	vendant

Note- For verbs like commencer, you need to put the ç to keep the sound C before an a, for example commençant.

The three exceptions are:

	avoir	être	savoir
Present participle	ayant	étant	sachant

The use of the present participle:

I) As an adjective or a noun
If the present participle is used as an adjective then it needs to agree with the noun in gender and number:
For Example:
un livre intéressant   an interesting book
un étudiant/des étudiantes.   A student / students.

II) To express an action that is happening simultaneously with the action of the main verb (not necessarily related to it).

For example:
une femme portant une robe blanche est venue au restaurant.
A woman wearing a white (wedding) dress came to the restaurant.

The present participle and the gerund (le gérondif):

The gerund is used to describe an action that is happening simultaneously with the action of the main verb and is related to it, it is the present participle after the preposition en.

For example:
Il ne peut pas répondre en conduisant.
(he cannot answer while driving).

When to use the gerund?

I) Explain how or why something happens:
For example:
En révisant que tu passeras ton examen.
(By revising, you'll pass your exam).

II) Replace a relative clause:
For example:
Les gens venant de l'Asie.
The people coming from Asia
Les gens qui viennent de l'Asie.
The people who come from Asia

The difference between the two sentences below is that the present participle modifies a noun, whereas the gerund expresses something related to a verb.

J'ai vu Sam sortant du bureau.
I saw Sam leaving the office.
J'ai vu Sam en sortant du bureau.
I saw Sam when I was leaving the office.

Exercise 1: *Mettez les verbes au gérondif ou participe présent.*

1) C'est en __ (persévérer) dans la vie que tu vas réussir.
2) Il lis son journal en _ (prenre) un café.
3) Il s'est blessé en __ (faire) du ski.
4) Ils sont venus en __ (utiliser) leur voiture.
5) Il lui a laissé un message __ (savoir) qu'il est à l'étranger.
6) En __ (aller) en Espagne, il est passé par la France.
7) Ils ont appris tant de choses sur Monet en __ (visiter) la Normandie.
8) J'ai visité un copain en __ (passant) à Marseille.
9) Ils ont discutté en __ (boire) un thé.
10) Il est parti au travail en __ (prendre) un taxi.

Exercise 1: *Traduisez les phrases en français.*

1) She lost her ring while walking on the beach.
2) He earned money by playing lottery.
3) It was an intriguing film.
4) Knowing he is not home, she entered his property without his permission.
5) He used his mobile while driving.
6) I read while I exercise.
7) By reading books you will improve your vocabulary.
8) She saw her ex-boyfriend while she was visiting her old town
9) The town is fascinating.
10) On remembering her father, she cried.

Verbs and the Infinitive

The infinitive is the unconjugated form of a verb, and what you find in the dictionary. In English the infinitive is the word "to" followed by a verb: to play, to finish, to sell. The French infinitive is a single word with one of the following endings: -er, -ir, or -re: jouer, finir, vendre.

The French infinitive can be used:
I) After a preposition à or de
For example:
C'est difficile à faire.   It's difficult to do
Il refuse de participer.   He is refusing to particiat

II) When using two verbs in French, the second always go in the infinitive form.
For example:
J'aime rencontrer des gens.   I like to meet people.

III) Not referred to a subject
For example:
 Il faut faire du sport.
 It is necessary to exercise

Exercise 1: Complétez avec la préposition appropriée (à, au, à la, à l', de, du, de la, de l', en ou sur).

1) Il aime faire ___ ski.
2) Sylvain a décidé ___ faire des études.
3) Le pont est construit ___ un lac.
4) Je crois ___ dieu.
5) J'ai pensé ___ ma copine.
6) Justine tient beaucoup ___ sa voiture.
7) Nous avons parlé ___ de son travail.
8) Est-ce qu'elle pense ___ des defauts?
9) Nous avons pensé ___ vivre dans un autre pays.
10) Elle m'a ordonné ___ remplacer Marie.

Exercise 2: Complétez avec la préposition appropriée **à ou de si necessaire.**

1) Vous devez ___ réviser le cours d'hier.
2) Il faut ___ traduire le texte.
3) Prenez ___votre temps.
4) Continuez ___ écrire vos plans.
5) N'hésitez pas ___ me poser des quéstions.
6) La tâche consiste ___savoir ___ comment rédiger une lettre.
7) Pensez ___ inclure des exemples.
8) Il faut ___ commencer ___ penser aux exemples qu'on a vu.
9) Essayez ___ être simple.
10)Il ne suffit pas ___ écrire quelques lignes.

Exercise 3: Traduisez les phrases suivantes:

1) I have decided to learn Creole.
2) I prefer comedies.
3) He likes to travel.
4) We have hesitated to contribute.
5) I am determined to do it.
6) He taught me to speak French.

7) We asked him to call Claire.
8) He is ready to do it.
9) You must come.
10) It is important to exercise.

Passive voice

The passive voice is used in the same way we use it in English, it is by starting our sentence with the object rather than the subjet.

How to form the passive voice ?

It will depend on the active sentence, if the original sentence is in the present tense, then the Passive sentence is formed by the verb être in the present tense+ the past participle of the verb,
then par (by), then the subject.

Active :
La famille recycle la bouteille.
(The family recycle the bottle).
La famille= Subject
Recycle= verb
La bouteilles=object

Passive :
La bouteille est recyclée   par la famille.
(The bottle is being recycled by the family).

Note- When using the passive the verb in the passive form needs to agree in gender and number with the object.

La famille recycle les bouteilles.
(The family recycle the bottles).

Passive :
Les bouteilles sont recyclées   par la famille.
(The bottles are being recycled by the family).

If the original sentence is in the past tense, then the passive sentence is formed by the verb être in the past tense+ the past participle of the verb, then par(by), then the subject.

La famille a recyclé les bouteilles.
(The family recycled the bottles).

Passive :
Les bouteilles ont été recyclées   par la famille.
(The bottles have been recycled by the family).

If the original sentence is in the future tense, then the passive sentence is formed by the verb être in the future tense+ the past participle of the verb, then par(by), then the subject and so on.

La famille recyclera les bouteilles.
(The family will recycle the bottles).
Passive :
Les bouteilles seront recyclées   par la famille.
(The bottles will be recycled by the family).

The passive voice is far more common in English than it is in French. In French we use it in two situations:

I) The subject is unknown
II) To put an emphasis on the object and not the action.

	Singular	*Plural*
Present	est	sont
imperfect	était	étaient
perfect	a été	ont été
future	sera	seront
conditional	serait	seraient
future perfect	aura été	auront été
pluperfect	avait été	avaient été

How can we avoid the passive?

The easiest way is to use 'on' "we"

Les baskets <u>sont vendues</u> à 50€.

On a vendu les baskets à €50.

Another way is to use the reflexive verbs
Les baskets <u>sont vendues</u> à 50€.
Les baskets se vendent à €50.

Exercise 1: *Mettez les phrases suivantes à la voix passive.*

1) Le peuple a élu le gouvernement.
2) Le président a signé l'accord.
3) Le plastique endommage l'environnement.
4) Chloé a volé les documents.
5) Les étudiants débattront la quéstion.
6) La justice poursuivait les députés.
7) Les policiers intérrogent le suspect.
8) Albert Camus a écrit l'Etranger en 1942.
9) Les Beatles ont chanté la chanson "Hey Jude".
10) Le nouveau prof enseignera le cours.

Object Pronouns

Direct Object Pronouns
Direct objects are the people or things in a sentence which **are affected by the action of the verb**. To find the direct object in a sentence, ask the question **What? Or Whom?**

Le prof a acheté des livres.
Le prof= Subject
a acheté= verb
Livres= object
The teacher bought books

We can ask the question what did the teacher buy? The answer is books (Direct object)
Direct object pronouns are the words that replace the direct object, they are used to prevent repetitions like I met Sylvain at the coffee shop, when I hugged Sylvain everyone looked at us. We could replace Sylvain the second time with the pronoun "him".

The direct object pronouns in French are:

me / m'	me
te / t'	you
le / l'	him, it
la / l'	her, it
nous	us
vous	you
les	them

Me *and* **te** *change to* **m'** *and* **t'**, *respectively, in front of a vowel or mute H.* **Le** *and* **la** *both change to* **l'**.

Position of Object Pronouns

In French the direct object pronoun is placed before the verb contrary to the English.
For example:
 Je le visite.   I visit him/it.

In a negative sentence, the direct object pronoun also comes immediately before the conjugated verb.
For example:
 Je ne le visite pas.   I do not visit him.

When an infinitive has a direct object, the direct object pronoun immediately precedes the infinitive.
For example:
Pouvez-vous le visiter?   Can you visit him?
In the imperative form (Giving instructions or an order), the direct object pronoun follows the verb. Me (m') and te (t') change to moi and toi.
For example:
 Visitez-le!   visit him/it!
 Visitez-moi   visit me!

Remember!
PBV   Pronoun Before the Verb

Exercise 1: *Mettez le bon pronom d'object direct.*

*1) Elle chante **les chanson** en français.*
*2) Elle visite **le musée**.*
*3) Nous achetons **une voiture**.*
*4) Ils vendent **la merchandise**.*
*5) J'ouvre **un compte bancaire**.*
*6) Elle prépare **la cuisine.***

*7) Elle fait **les devoirs**.*
*8) Nous soutenons **ta décision**.*
*9) Tu visites **ton oncle**.*
*10)Il étudie **l'histoire**.*

Exercise 2: *Traduisez les phrases en français.*

1) He helps me.
2) The shop sells them.
3) They call us.
4) We offer it.
5) She thanks them.
6) Call them!
7) I am going to see her.
8) Do not take it!
9) We must visit them.
10)Do you support them?

Indirect Object Pronouns

Indirect objects are the people or things in a sentence to or for whom/what the action of the verb occurs. To find the indirect object in a sentence, ask the question "to whom" or "to what".

Le prof a acheté des livres pour les étudiants..
The teacher bought books for students.
Le prof =Subject
A acheté= verb
Des livres= direct object
Les étudiants= indirect object

To whom did the teacher buy the books? The answer is for the students (Indirect object)
The French indirect object pronouns are:

me / m'	*me*
te / t'	*you*
lui	*him, it*
lui	*her, it*
nous	*us*
vous	*you*
leur	*them*

French indirect object pronouns are also placed in front of the verb.

Note: if the verb in French is followed by à (see the example below), then the indirect pronouns will be [moi(me), toi(you),lui(him), elle(her), soi(oneself), nous(us), eux(them masculine), elles(them feminine)]
Example: je fais appel à ces hommes.
I am appealing to these men.
Je fais appel à eux.
I am appealing to them.

Je fais appel à ces femmes.
I am appealing to these women.
Je fais appel à elles.
I am appealing to them.

Exercise 1: *Mettez le bon pronom d'object indirect.*

1) *Le père a montré les photos **aux enfants**.*
2) *Ce magasin appartient **à Claude**.*
3) *Je transmettrai le message **à Danielle**.*
4) *Je parlerai **à mon boss** au sujet de mon salaire.*
5) *Ce portable appartient **à mon copain**.*
6) *J'ai fait une pétition **aux chefs**.*
7) *Montrez **à Louise** les dossiers!*
8) *Ne dites rien **à Camille**!*
9) *Il parlera **à ses enfants**.*
10) *Est-ce que tu as envoyé l'article **à la rédaction (people)?***

Using two object pronouns together

If you want to use two object pronouns in order to say for example 'he bought it for them' you need two object pronouns. One to replace the 'it' (direct object) and another to replace the 'to them' (indirect object).

Usually the indirect pronoun object comes before the direct pronoun object; but when the indirect object is in the third person (i.e. is lui or leur) it comes after the direct object pronoun.
For example:
 Je te l'ai dit avant.   I said it to you previously.
 Je le leur ai dit avant.   I said it to them previously.

Relative Pronouns

Qui and Que
Relative pronouns are used to connect a clause or phrase in the same sentence. The most common relative pronouns are QUI and QUE which translate as who, what, which or that.
We use QUI or QUE depends on whether we are referring to the subject or the object in the sentence.

 When we are referring to the **SUBJECT** we use **QUI**
 When we are referring to the **OBJECT** we use **QUE**

 J'ai vu un homme. L'homme porte un gilet jaune.
(I saw a man. The man wears a yellow vest)
L'homme= subject
Porte= verb
Un gilet jaune=object

*J'ai vu un homme **qui** porte gilet jaune.*
(I saw a man who wears a yellow vest)

J'ai vu un homme. L'homme porte un gilet jaune.
(I saw a man. The man wears a yellow vest)
Je= Subject
ai vu=verb
une homme= object
*L'homme **que** j'ai vu porte un gilet jaune.*
 (the man whom I saw wears a yellow vest).

Note that QUE is contracted to QU' when if precedes a vowel, but QUI never loses the i.

Exercise 1: Remplissez les blancs avec qui ou que.

1) La ville ___ se trouve dans le sud de la France.
2) Le dentiste ___ mon copain m'a recommendé est formidable.
3) Apporte-moi la clef ___ est dans le coffre.
4) La robe ___ est en solde.
5) Le film ___ j'ai vu était effrayant.
6) Les cousins ___ habitent en Angleterre.
7) C'est le groupe ___ j'admire le plus.
8) Prends les livres ___ t'intéressent.
9) Le cadeaux ___ tu m'as offert est sympa.
10) L'acteur ___ je déteste.

Exercise 2: Remplissez les blancs avec qui ou que.

1) Albert Camus, est un écrivain ___ a écrit l'Etranger et la Peste.
2) L'Etranger est le livre ___ a été adapté pour un film.
3) Camus est l'écrivain ___ a eu le prix Nobel.
4) La peste est le livre ___ j'apprecie le plus.
5) Meursault est le personage ___ la justice a condamné.
6) L'arabe était le personage ___ était absent dans le roman.
7) Le protagoniste est un personage ___ les gens n'arrivent pas à comprendre.
8) C'est un roman ___ la plupart des français connaissent bien
9) Et ___ est devenu une reference dans la literature.
10) C'est le livre ___ j'étudié cette année.

Ce QUI and Ce Que

Ce qui and ce que are used in a similar way to qui and que but they mean 'what'.
They are also used after **tout** and they mean which when they refer to an indefinite item.
Ce qui
Ce qui is used to mean **"what"** when it is the subject of the verb.
For example:
Ce qui m'intéresse c'est….
What interest me is….
It is also used to mean **"which"** when it refers back to an idea, rather than a specific noun.
For example:
Je fait toujours mes devoirs ce qui va m'aider.
I always do my homework which will help me.
Ce que
Ce que is used to mean "what" but is used when it is the object of the clause.
For example:
Ce que je suggère est….
what I suggest is…..

It is used to mean "which" when it refers back to an idea, rather than a specific noun and it is the object of the clause.
For example:
Je fais tout ce que mon prof me demande.
I do what my teacher ask me.

Exercise 1: Remplissez les blancs avec ce qui ou ce que.

1) Je ne me souviens pas de ___ ma femme m'a dit.
2) Elle m'a dit ___ je devais faire.
3) Je n'oublie jamais d'habitude, ___est étonnant!
4) ___ j'aime chez ma femme, c'est qu'elle ne s'énnerve pas.
5) Pour cela, ___ je n'aime pas, c'est abuser.
6) Les enfants ne sont pas avec nous en ce moments, ___ est rare.
7) ___ je préfère, c'est d'être tous ensemble!
8) Ils ont promis de rentrer bientôt, ___ a rassuré ma femme.
9) Je fais tout ___ feraitplaisir à mes parents.
10) Ils me disent ___ ils aiment!

Dont

The relative pronoun *dont* is used to avoid repetition and connect the two sentences, it could mean "whom, which or whose" in English, it replaces what comes after "de" or to denote possession.
For example:
Voici mon copain. Je t'ai parlé de mon copain. (Here's my friend. I told you about my friend)
Voici mon copain *dont* je t'ai parlé.
(here's my friend *whom* I told you about).

L'ami de Paul. Le père de Paul est avocat.
(Paul's friend. Paul's father is a lawyer)
L'ami de Paul *dont* le père est avocat.
(Paul's friend *whose* father is a lawyer).

Exercise 2: Connectez les deux phrases en utilisant dont.

1) Voici l'homme. Sa femme est dentiste.
2) Tu as vu le dernier film de Al Pacino? Le titre du film est Paterno.
3) La table est à vendre. Je t'ai parlé de la table.
4) Voici mon étudiant. Je sui fièr de lui.
5) J'aime la voiture. La voiture a beaucoup d'éspace.
6) C'était une bonne expérience. Elle se souvient beaoucoup de cette expérience
7) Je te dis une rumeur. Tu aimes entendre ce genre de rumeur.
8) Tu te souviens du magasins. Axel nous parlé de ce magasin.
9) Voilà le document. Tu as besoin du document.
10) Regarde la femme. Je suis amoureux de cette femme.

Lequel/laquelle/lesquels/lesquelles

In order to prevent the sentence from finishing with a preposition we need to use other pronouns such as lequel, auquel, duquel...etc.
For example:
L'outil sans **lequel** je ne pourrais pas travailler.
The tool I could not work without.
La station sous laquelle il y a un métro.
The station which has métro under

	singular	plural
masculine	lequel	lesquels
feminine	laquelle	lesquelles

Exercise 1: *Remplissez les blancs avec ce qui ou ce que.*

1) Le pistolet avec ___ ils ont commis le crime.
2) J'ai essayé les deux robes. ___ je dois acheter?
3) J'ai perdu la clef sans ___ je ne peux pas rentrer
4) ___ des deux livres est à toi?
5) Je télécharge des logiciels sans ___ je ne peux pas travailler.
6) Tu aimes mes baskets. ___?
7) L'ordinateur sans ___ tu ne peux pas sauvegarder les documents.
8) Elle a trouvé une solution. ___?
9) J'ai vu tes anciens collègues. ___?
10) ___ des deux voitures que tu veux acheter ?

The adverbial pronouns Y and EN

The French adverbial pronouns Y and EN are used to replace nouns and they are adverbs at the same time, they represent a place, a quantity or an object.

The adverbial Pronoun Y

It is used to replace a place mentioned earlier or the object after the preposition à. It is often translated in English as "there".
For example:
On va à Lyon. Claire nous attend à Lyon.
(We're going to Lyon. Claire is waiting for us in Lyon).
 On va à Lyon. Claire nous y attend.
(We're going to Lyon. Claire is waiting for us there).

 Je pense à mes parents souvent.
(I think of my parents often).

 J'y pense souvent.
(I think of them often).

The adverbial Pronoun en

It is used to replace a place, a quantity or the object after the preposition de. It is often translated

in English as "any, one, some, about it, of it or them".

For example:

As-tu des frères et soeurs?

(Do you have any brothers or sisters?)

Je n'en ai pas!   (I do not have any!)

It is also used to replace a quantity:
For example:
Tu manges les escargots? (Do you eat snails?)
Tu en manges? (Do you eat some of it?)

Il y a plusieurs salles dans le collège.
(The college has many classrooms).
Il y en a beaucoup.
(The college has many of them

Position of Y and EN:

Just like object pronouns they come before the verb.

With verbs followed immediately by the infinitive they go in front of the infinitive (e.g. On va y aller)

With reflexive verbs they go after the reflexive pronoun (e.g. on s'y interesse)

In negative sentences the Y or EN come before the infinitive (if there is one) or between the n' and

the verb (e.g. Je n'y vais pas).

Exercise 1   *Remplissez les blanc avec En ou Y.*

1) Est-il allé à Marseille?
▪ *Il ___ est allé le mois dernier.*

2) Il était chez Mathilde
▪ *Il ___ était.*

3) As-tu des devoirs?
▪ *J' ___ ai beaucoup.*

4) Sait-il faire du ski?
▪ *Oui, il sait ___ faire.*

5) Joue-t-elle du piano?
▪ *Oui, elle ___ joue.*

6) Vas-tu en vacances au Portugal?
▪ *Oui, je vais ___ aller.*

7) Avez-vous acheté le dernier IPhone?
▪ *Oui, nous ___ avons acheté deux.*

8) Va-t-elle aller au cinéma ce soir?
▪ *Oui, elle va ___ aller.*

9) Voudrais-tu plus de pain?
▪ *Non, j' ___ ai beaucoup.*

10) Doit-on choisir entre les deux fims?
▪ *Oui, vous pouvez ___ choisir.*

Comparatives and Superlatives

The comparative is used to compare one thing with another or one group with another, whereas the superlative is to compare one thing against many.

Comparative

More than: *plus, que*

Le IPhone est plus chèr que Nokia.

(Iphone is more expensive than Nokia)

Less than: *moins, que*

Huawei est moins chèr que le Iphone.

(Huawei is less expensive than Iphone)

Same as: *aussi que*

Samsung est aussi chèr que le Iphone. (Samsung is as much expensive as Iphone).

Superlatives

The most: *le plus*

Le Iphone est le plus chèr.

(Iphone is most expensive)

The least: *le moins*

Nokia est le moins chèr.

(Nokia is least expensive)

Demonstrative Adjectives and Pronouns

Demonstrative Adjectives
Sometimes you need to be very specific when identifying things, you use demonstrative adjectives (this, that, these, those). In French, demonstratives, like all adjectives, agree in gender and number   with the noun they modify.

Masculine singular

Ce livre this book

Cet homme this man

Note that the demonstrative adjective ce adds a -t before a masculine singular noun that starts with a vowel or a mute h (cet appartement, cet arbre).

Feminine singular

*Cette lampe **this lamp***

*Cette histoire **this story***

Masculine and feminine plural

Ces cahiers *(m.pl.) these notebooks*

Ces chemises *(f.pl.) these shirts*

Exercise 1:   *Choisissez la bonne forme ce, cet, cette ou ces.*

1) Ma copine n'aime pas _____ veste noire.

2) Mon père aime _____ livre.

3) Mes cousins viennent _____ année.

4) On va sortir _____ week-end.

5) J'achète _____ livres pour mes étudiants.

6) _____ voiture est chèr.

7) Son copain pense que _____ portable est lourd.

8) J'adore _____ acteur car il est marrant.

9) On va acheter _____ baskets.

10) Tu vas prendre_____ stylo vert.

Demonstrative Pronouns

They replace the noun, so they are the equivalent in English of (this one, these ones) , we use celui for masculin nouns, we use celle for feminine nouns, ceux for plural masculine nouns and celles for feminine plural nouns. Look at the examples below:

Celui *qui est moche.*   *The one who is ugly.*

Celle *qui est grosse.*   *The one who is big.*

Ceux *qui veulent venir.*   *Those who want to come.*

Celles *qui chantent.*   *Those(women) who sing.*

You can add –ci (celui-ci) or –là (celui-là) to refer to this one here or those ones there.

Je préfère celles-ci / I prefer these ones (here).

Exercise 2:   *Complétez avec celui, celle, ceux, celles, celle-ci ou celle-là.*

1) Il a choisit la voiture__ qui est la plus chère.

2) Regardez les modèles, prenez__ que vous préférez.

3) Le quartier où j'habitais avant est en banlieue, par contre __ où j'habite maintenant est dans le centre.

4) Ma tante nous a envoyé des cadeaux, alors __ qui est blanc pour moi.

5) Notre tante voulait acheter la montre (right here) ___ à son fils

6) Et la robe (right there) __à sa mère.

7) Prenez le stylo___ qui est dans le tiroir.

8) Je veux acheter la robe__qui en solde.

47

9) Mon copain a acheté le nouveau Iphone__ qui a la reconnaissance du visage comme option.

10)les deux chemises sont dans l'armoire, prenez__que vous aimez.

Possessive Adjective and Pronouns

Possessive Adjectives
Possessive adjectives are used to express possession, the English equivalents are (my, your, his, her, our, their). They need to agree with gender of the noun and the number. It does not agree with the person speaking, for example: Pierre prend ta voiture/ Emilie prend ton stylo.

Masculine singular

mon ordinateur **my computer**

ton ordinateur **your computer**

son ordinateur **his/her computer**

notre ordinateur **our computer**

votre ordinateur **your computer**

leur ordinateur **their computer**

Feminine singular

ma vie **my life**

ta vie **your life**

sa vie **his/her life**

leur vie **their life**

notre vie **our life**

votre vie **your life**

Masculine and feminine plural

mes cousin(e)s *my cousins*

tes cousin(e)s *your cousins*

ses cousin(e)s *his/her cousins.*

leurs cousin(e)s *their cousins*

nos cousin(e)s *our cousins*

vos cousin(e)s your cousins

Note: if the noun is feminine and starts with a vowel, then we use the masculine form of the possessive adjective, for example mon uniforme, ton uniforme, ses uniformes.

Exercise 1: Remplissez les blancs en choisissant la bonne forme des ajectifs possessifs.

1) Est-ce que vous avez regardé (his/her) nouvelle maison ?

2) Oui, mais je préfère (his/her) ancien appartement.

3) Aimez-vous (his/her) nouvelle voiture ?

4) (His/Her) ancienne voiture était plus belle.

5) Tu veux (our) aide ou pas ?

6) Oui, j'ai besoin de (your) aide s'il vous plaît.

7) (Your) femme est infirmière ?

8) Non, (my) femme est chirurgienne.

9) Tu veux aller à (their) maison ?

10) On a besoin d'aller à (our) maison.

Possessive Pronouns

It is used to replace the noun and they need to agree in gender and number with the noun not the person speaking, they are equivalent in English to (mine, hers, his, hers, ours, yours, theirs).

Masculine singular

Le mien mine	*le nôtre* ours
Le tien yours	*le vôtre* yours
Le sien his/hers	*le leur* theirs

Feminine singular

La mienne mine	*la nôtre* ours
La tienne yours	*la vôtre* yours
La sienne his/her	*la leur* theirs

Masculine and feminine plural just add s to above pronouns

Les miens mine (Masculine Plural)   **les miennes** mine. (Feminine Plural)

Prepositions

Prepositions are invariable words in order to establish connections between various parts of the sentence, for example:

Je suis **au** college.   I am **at** college.

The Preposition à : It is used to indicate location or direction, equivalent in English to (To, at or in).

1) À+ le (Masc Noun)= au

Eg: au marché(at the market)

2) À+ la (fem Noun= à la

Eg : à la maison (at the house)

3) À +l'(Vowel)= à l'

 Eg : à l'hôpital= (at the hospital)

4) À+les (Pl Noun) = aux.

Eg : aux magasins (at the shops)

The Preposition De: It is used to indicate a place you came from, equivalent in English to (from, about, of).

1) De+ le (Masc Noun) = du

Eg : du marché (from the market)

2) De+ la (fem Noun) = de la

 Eg : de la maison (from the house)

3) De +l'(Vowel)= de l'

 Eg: de l'hôpital= (from the hospital)

4) De+les (Pl Noun)= des

Eg: des magasins (from the shops)

The Prepositions Dans et En: Dans is used to indicate a place more precisely (in, inside) whereas En is used to indicate place without precision, equivalent in English to (in). When we use en we do not need to use the article of the noun.

For example :

Je suis **en** classe. I am **in** class.

*Je suis **dans** la classe de maths.*

*I am **in** the maths class.*

The Preposition Chez: It is used to indicate a place and it is used with a person's name or professsion/company, the equivalent in English is at/to.

For example:

Je vais chez David ce Samedi.

I'm going to David's house this Saturday.

Je suis chez le dentiste.

I am at the dentist.

The Preposition with Geographical Names

À *is used for town, cities and small islands.*

For example:

Je suis à Paris.   I am in Paris.

Je vais à Chypre/à Cuba.

I am going to Cyprus/Cuba.

Au *is used to talk about Masculine country names or department/state.*

For example :

Je suis au Maroc.   I am in Morocco.

Je suis au Nouveau-Mexique.

I am in New-Mexico

En *is used to talk about féminine or vowel country names or department/state.*

For example :

Je suis en Angleterre.   I am in England.

Je suis en Californie.   I am in California

Aux *is used to talk about plural country names.*

For example :

Je suis aux Etas-Unis.   I am in the USA.

Exercise 1:   *Utilisez la bonne préposition .*

1) Chloé est ___ classe, elle est __la classe de Chimie.

2) Je reviens ___ Paris, mais lui il est toujours ___ Rome.

3) Je vais ___Portugal ce week-end, par contre le week-end prochain j'irai ___Belgique.

4) J'ai un rendez-vous ___ le docteur.

5) La Havane se trouve ___Cuba ___ Amérique Centrale.

6) Je reviens ___ la Colombie Britannique,mais je voulais aussi visiter Disney Land ___ Etas-Unis.

7) Regarde ___ le tiroir.

8) Il ___ bureau, il renter ___ la maison tard.

9) Est.-ce que tu vas venir ___ Anne ce week-end?

10) Elle vient ___ Paris et Sébastien est ___ Lyon.

Sentence Structure

The sentence structure in French follows the same structure as in English SVO (Subject, verb then the object), there are only minor differences such as in French the regular adjectives are placed after the noun.
Declarative Sentence:

Je parle anglais. (I speak English).
Subject+ Verb+ object
Regular adjective:
Je travaille dans une ville moche.
(I work in an ugly town).

Irregular adjective:
Je travaille dans une veille ville.
(I work in an old town).

Subject + Verb + Preposition + Object (noun) + Adjective

Je travaille dans une vielle ville. (I work in an old town).

Compound Sentence:

Le prof achète des livres pour les étudians.
The teacher buys books for the students.

Subject + Verb + Object + Preposition + Indirect Object

Forming Questions

In French you can form questions in three different ways:

1) By changing your tone of voice.

For example:

Tarik parle anglais?   Tarik speaks English?

2) Adding the question words (Est-ce que/Qu'est-ce que/comment...etc).
For example:

Est-ce que Tarik Parle anglais?

Does Tarik Speak English

Comment? = how?

Comment tu te sens? or comment est-ce que tu te sens?

Combien? = how much

Combien de temps= how long?

Combien ça coûte? Combien de temps ça va prendre?

Quand? = when?

Quand tu seras libre? or Quand seras-tu libre?

Quel/quelle/ quels/quelles?/ = what ?

Quelle est la réponse? / quelles sont les réponses

Qu'est-ce que? = what?

Qu'est-ce que tu fais ce soir?

Est-ce que? = do

Est-ce que tu connais Danielle?

3) By inverting the verb with the subject pronoun. This is the most complex form.

For example:

Suis-je marrant?   Am I funny?

Note: if you are using inversion and the verb ends with a vowel and the subject pronoun starts with a vowel, then you need to add-t- to the question, if not then there is no need and if the verb ends with a vowel and the subject pronoun is Je, then the verb will change its ending and becomes with an é.

For example:

Parle-t-il anglais? Does he speak English?

Parlez-vous anglais? Do you speak English?

Parlé-je anglais?   Do I speak English?

A-t-il parlé en anglais? Did he speak in English?

Exercise 1   *Ecrivez des quéstions en utilisant l'inversion ou bien est-ce que/qu'est-ce que*
Il parle anglais.   Parle-t-il anglais?
Est-ce qu'il parle anglais?

1) Pascal et Sophie feront les devoirs.

2) Claire mangera Italien ce soir.

3) Marie-Anne boira un café.

4) Stéphan fera la vaiselle.

5) Jean-Louis rangera la chamber.

6) Mes parent vont regarder un film.

7) Tu vas au cinéma.

8) Ils sont allés en vacances.

Revision

Exercise 1: Remplissez les blancs.

1) C'est la fille la plus _____ du monde. (heureux)

2) J'ai épousé un _____ homme. (vieux)

3) C'est le week-end _____. (passer)

4) Je pense qu'il _____ (fumer).

5) il vient de _____ le formulaire. (remplir)

6) Mon père a _____ de nous quitter. (décider)

7) Je _____ de faim! (mourir)

8) Vous le_____ sans crainte!. (dire)

9) Mes deux tantes sont _____ hier. (arriver)

10) Pour qu'elle _____ avec nous. (être)

11) Quand il était petit, il _____ le Ramadan. (faire)

12) Si javais de l'argent je _____ le tour du monde. (faire)

13) Quand nous _____ en Italie, nous installerons dans le sud. (aller)

14) Il y a huit ans nous ____ en Australie. (vivre)

15) Le _____ appartement de Sandrine. (nouveau)

16) Les maisons sont _____ ici. (beau)

17) Je suggère que nous _____ en Californie. (aller)

18) Les espagnoles sont _____. (paresseux)

19) Ils _____ ce qu'il faut faire. (comprendre)

20) Nous _____ le Créole maintenant. (apprendre)

21) Le week-end prochain j' _____ un Iphone. (avoir)

22) Je _____ chanter, si on participait au concours. (pouvoir)

23) La semaine _____ je suis revenue de Paris. (dernier)

24) Mes soeurs ont _____ la journée chez moi. (passer)

25) Quand j'étais petit je _____ beaucoup de frites. (manger)

26) Tu penses _____ sont les CDs que je dois apporter? (quel)

27) Qu'est-ce que vous _____ dans la maison (faire)

28) Les Iphones _____ chèrs. (devenir)

29) Après être ___, mon oncle est venu. (sortir)

30) Elle peut _____ce qu'elle veut. (dire)

31) Il est sorti avant de _____ses devoirs. (terminer)

32) Les étudiants ____au collège. (aller)

33) Ces maisons sont ____.(vieux)

34) Nous ____ le train pour aller en ville. (prendre)

35) Tu ____à faire des progrès?(commencer)

36) Elle ___ses devoirs quand je suis arrivé. (finir)

37) Nous ____les chambres demain. (ranger)

38) J'ai _____mon portable au collège.(éteindre)

39) Trois filles sont ___(Mort).

40) Les articles que j'ai ___etaient choquants.(voir)

41) La voiture est ____. (cher)

42) Quel ___acteur! (beau)

43) Ils _____la voiture souvent. (nettoyer)

44) C'est la pièce que je ___. (préférer)

45) Il faut que j' ___voir quelqu'un. (aller)

46) Après avoir ___avec l'OM,il a pris sa retraite. (jouer)

47) Elle a quitté sans ___un mot.(dire)

48) Elle s'est blessé en ____avec son chat.(jouer)

49) Je dois ___. (partir)

50) Ils ont de ____solutions à proposer. (nombreux)

Exercise 2: Remplissez les blancs.

1) Ma mère est ____de moi. (fier)

2) Ma grand-mère est ____il y a un mois.(mourir)

3) Mes tantes sont ____. (généreux)

4) Si elle gagnais au lotto, elle ___une Ferrari.(acheter)

5) Nous____la radio chaque matin. (écouter)

6) Antony Hopkins est un ___acteur. (vieux)

7) Elle est ___célèbre il y a peu de temps. (devenir)

8) Si j'ai de l'argent, je ___tant de choses. (faire)

9) Pour qu'il ___des résultats, il faut persevérer . (avoir)

10) J'ai acheté des ___jeans. (nouveau)

11) Les terroristes ont été ____. (arrêter)

12) C'est la nouvelle voiture que j'ai ___. (acheter)

13) Les offres sont ____. (important)

14) *Celine Dion est ___ en 1968. (naître)*

15) *Quand nous ___ une voiture, nous pourrons visiter d'autres villes. (avoir)*

16) *Tu peux demander ___ sont les couleurs de l'arc en cien? (quel)*

17) *Ma voiture est ___ en panne hier. (tomber)*

18) *Ils ont construit un ___ hôtel. (nouveau)*

19) *Il prie sans ___. (croire)*

20) *Après être ___. (partir)*

21) *Si je ___ l'acheter, je le ferais. (vouloir)*

22) *Il faut que nous ___ avant le départ. (arriver)*

23) *Mes filles sont ___. (mignon)*

24) *Les appartements à Londres ___ trop chers. (devenir)*

25) *Nous avons ___ à Paris. (vivre)*

26) *Vous ___ notre position. (comprendre)*

27) *Si elle l' ___, elle ne viendrait pas. (savoir)*

28) *Ma soeur ___ tard. (rentrer)*

29) *Les chambres ont été ___. (ranger)*

30) *Les villes sont très ___. (ancien)*

31) *Je préfère que tu le ___. (faire)*

32) *Tu as ___ la mauvaise solution. (choisir)*

33) *La terre- ___ se trouve au Canada. (neuf)*

34) *J'ai les yeux ___. (marron)*

35) *Avant de ___, écoute les autres d'abord. (parler)*

36) *Il a ___ son carnet d'adresse. (ouvrir)*

37) *Quand j'étais jeune je ___ beaucoup. (lire)*

38) *Elle a continué à ___. (parler)*

39) *Elle a mangé en ___ la lettre. (écrire)*

40) *La semaine ___ je ferai du ski. (prochain)*

41) *Ils ___ de commencer les soldes. (venir)*

42) *Mes parents se sont ___ avant nous. (lever)*

43) *Je ne ___ pas le porc si j'étais juif. (manger)*

44) *Nous ___ en France depuis longtemps. (vivre)*

45) *Je me suis ___ pour le mauvais traitement. (plaindre)*

46) *Ils se ___ depuis leur enfance. (connaître)*

47) *Je viens de ___ que nous sommes arrivés. (réaliser)*

48) *Ils ont ___ decider rapidement. (devoir)*

49) *Ce sont des ___ offres. (bon)*

50) *Il faut que nous ___ notre possible. (faire)*

Exercise 3: Remplissez les blancs.

1) Il a décidé de ne pas ___. (revenir)

2) J'ai ___ un taxi pour aller à la gare. (prendre)

3) Il conduit sans ___ la route. (regarder)

4) Nous avons ___ 15km aujourd'hui. (courir)

5) Ces homme me parraissent _____. (normal)

6) L'actrice est vraiment _____. (joli)

7) Il a acheté deux joggings ___. (noir)

8) Quand j'habitais à Londres il y ___ beaucoup de pollution. (avoir)

9) Elle a quitté sans ___ à quelqu'un. (dire)

10) Elle s'est blessé en ___ du ski. (faire)

11) Mes copains sont ___ chez moi. (rester)

12) Tout le monde ___ prêt. (être)

13) Après avoir ___ cette éxperience, il a fait beaucoup de changements. (vivre)

14) Il vient de ___ dans les toilettes. (fumer)

15) Les femmes se sont ___ avant d'aller au mariage. (coiffer)

16) Si je le ___, je ne viendrais pas. (savoir)

17) Mes soeurs sont ___. (paresseux)

18) Je ne ___ pas quoi faire. (savoir)

19) Bien que tu ___ intelligent, tu n'as pas eu une bonne note. (avoir)

20) Vous ___ la cuisine indienne ou italienne? (préférer)

21) Je l'ai ___ le mois dernier. (voir)

22) Les victimes ont été ___ dans le lac. (trouver)

23) Quand j'avais 12 ans je ___ en Italie. (vivre)

24) Il ___ froid toute la semaine. (faire)

25) Ce sont mes chanteuses ___ (favori)

26) La victim était ___ de sang. (couvrir)

27) Je ___ mon café quand tu m'as appelé. (boire)

28) C'est une nourriture ___. (délicieux)

29) J'ai rangé ma chemise ___ dans l'armoire. (blanc)

30) Les fourmis sont ___. (travailleur)

31) Je n'ai pas ___ la québstion. (comprendre)

32) Est-ce que tu as ___ le roman l'Etranger ? (lire)

33) Mes parents sont ___ tôt ce matin. (sortir)

34) Je ___ Louis depuis mon enfance. (connaître)

35) Tu ___ me dire quelque chose que je n'ai pas compris. (venir)

36) écoute avant de ___. (parler)

37) Il a les cheveux __. (noir)

38) C'est une situation __ pour l'économie. (grave)

39) L'an __ je suis parti voir mes cousins. (dernier)

40) L'endroit est __. (naturel)

41) Les vielles voitures __ la pollution. (produire)

42) Nous devrions protéger la planete en __ l'efffet de serre. (réduire)

43) Nous finirons par ___ l'habitat. (détruire)

44) Mes enfants sont __. (mignon)

45) Tu pourras __ seul? (travailler)

46) Nous __ trouver des solutions. (espérer)

47) Je __ des vraies solutions. (parler)

48) C'est ma __ année au collège. (premier)

49) Tu __ me rendre un service. (pouvoir)

50) La race __ est le vrai problème. (humain)

Exercise 4: Remplissez les blancs.

1) Nous __ faire notre possible. (devoir)

2) J'ai __ faire mes devoirs sans ordinateur. (pouvoir)

3) Je conduisait sans bien __ . (regarder)

4) Nous sommes __ avant l'heure. (arriver)

5) des pas possibles et __. (normal)

6) Mes cousines sont __. (joli)

7) Les __ chefs ont pris le contrôle. (nouveau)

8) Quand je ___ à Toulous, mes parents viendront. (vivre)

9) Il doit __ tout ce qu'il savait. (dire)

10) Je me suis endormi en __ mes devoirs. (faire)

11) Les adolescentes sont __ pour voir le chanteur. (rester)

12) La police __ chercher les suspects. (aller)

13) Après avoir ___ en Belgique. (vivre)

14) Nous avons __ en duo. (chanter)

15) Un __ homme est venu me voir. (vieux)

16) S'il __ les conséquences, il changerait d'avis. (savoir)

17) Les mères sont __. (généreux)

18) Je ne __ pas en dieu. (croire)

19) Pour que tu __ un progrès, il ne faut pas rater les cours. (faire)

20) Tu as __ la difference? (remarquer)

21) Les terroristes viennent d'être __ par les gendarmes. (arrêter)

22) Nous __ une histoire dans le passé. (avoir)

23) Avant de __ lave tes mains! (manger)

24) Mes acteurs __ sont Vincent Cassel et Jean Reno. (favori)

25) Il a __ un compte sur Facebook. (ouvrir)

26) Je __ mon thé quand tu es venu. (prendre)

27) Ce frommage est __. (délicieux)

28) Les maladies __ sont fréquentes do nos jours. (mental)

29) Les profs sont __. (travailleur)

30) Il a __ l'espagnol tout seul. (apprendre)

31) Tu as __ mes clefs? (voir)

32) Elles sont __ en vacances. (partir)

33) Le fait d'être __ à l'heure, mon père était content. (rentrer)

34) Elle __ de retourner de vacances? (venir)

35) Mes oncles sont __. (gentil)

36) Elle ne sont pas des filles __. (sérieux)

37) ce sont des gens__. (sérieux)

38) Les __ moments étaient marrants. (dernier)

39) Ils__ venir chez nous. (pouvoir)

40) Les cigarettes __ à ta santé. (nuire)

41) Il parlait en ___ les devoirs. (finir)

42) Il __ quoi dire aux femmes. (savoir)

43) J'aime une chose qui est plus __ (naturel)

44) Il doit arrêter de __. (fumer)

45) Il m'a __ en sachant la réponse. (surprendre)

46) J' __ Pierre à la gare, quand tu es venu. (attendre)

47) Le mois __ il faisait froid. (dernier)

48) Je veux que tu __ passer ton permis. (pouvoir)

49) Cette fille est __. (Portugal)

50) J'ai __ notre rendez-vous. (oublier)

Exercise 5: Choisissez le mot correct.

1) Si tu (venais/es venu/viendrais) avec nous, ce serait formidable.

2) Il pense que tu (sais/sache/save) de quoi il parle.

3) Les livres que j'ai (acheté/achetés/achetées) sont intéressants.

4) Il faut que nous (sommes arrivés/arrivons/arrivions) chez elle à midi.

5) J'ai fait (tous/tout/toutes) les devoirs de maths.

6) Il a tenté (à/de) de me convaincre.

7) Je veux (fini/finis/finir) toute l'histoire.

8) C'est mon copain *(dont/que/duquel)* je t'ai en parlé.

9) Il est possible qu'il *(est/soit/ait)* le coupable.

10) Si je *(réussis/réussira/réussissais)* de passer mon permis, j'acheterai une voiture.

11) J'ai habité en Belique *(depuis/pour/pendant)* 10 ans.

12) S'il était arrivé un peu tôt il *(avait pu/pourrait/aurait pu)* la voir.

13) *(Depuis/pendant/il y a)* deux jours, j'ai vu le dernier film de Robert de Niro.

14) Il est primordial que tu *(fasses/fais/faisais)* attention.

15) Je me suis plaint *(parce que/pour/à cause de)* du mauvais état de la chambre.

16) Je reviens *(à/en/de)* vacances.

17) Je ne sais pas *(qu'est-ce que/ce que/quoi)* je dois faire.

18) C'est une *(malle/mal/mauvaise)* habitude.

19) J'*(y/en/n')* ai assez de tes mauvaises habitudes.

20) Elle comprend le français *(mieux/meilleur/ bien)* que Patrick.

21) Tu aimes la voiture que je viens d'acheter? *(Lequel/quelle/laquelle)* ?

22) Quel âge ont *(ses/leurs/nos)* filles?

23) J'ai invité la femme *(qui/dont/que)* tu m'as conseillé.

24) Elle est prête à *(tous/tout/toute)* sacrifier.

25) Les outils *(que/dont/qui)* tu as besoin sont dans le garage.

Answers

Gender of Nouns

Exercise1

1) le, la , le
2) le,le,la
3) le,l',l',la,la
4) l', la
5) la,le,la
6) l', le
7) l' ,la
8) la,la,le
9) l' le, le
10) la, la, le

Exercise2

1) le
2) le
3) la
4) la
5) le
6) la
7) le
8) le
9) la
10)le

Adjectives

Exercise1

1) chère
2) américains
3) mauvais
4) intéressants
5) nuls
6) nouvelle
7) longue
8) mauvaise

Regular verbs present tense

Exercise1

1) travaille
2) acceptons
3) cherchent
4) apportes
5) bavardez
6) commande
7) habitent
8) déjeune
9) dessinez
10) visitons

Exercise 2

1) je refuse d'échouer
2) elle annule la commande
3) elle parle plusieurs langues
4) tu apelles tes parents
5) je decide où aller
6) ils regardent le match
7) il va en Espagne chaque été
8) je mange des legumes quand je peux
9) tu apprends vite
10) ils cherchent une nouvelle maison

Exercise 3

1) Je suis en train de faire mes devoirs
2) Je vais au cinema (le) vendredi
3) Tu dépenses beaucoup d'argent
4) Tu regardes le match
5) Les filles aiment la mode
6) On prend le déjeuner
7) Il aime le fast-food (La nourriture rapide)
8) On finit notre examen
9) Je bois un café chez Costa

Irregular Verbs Present tense

Exercise 1

1) célèbre
2) cèdes
3) espérons
4) espère
5) préfèrent
6) considère
7) considérez
8) inquiètent
9) exagèrent
10) cèdent

Exercise 2

1) lève
2) lève
3) achète
4) ramène
5) ramènes
6) pèses
7) pèsent
8) promène
9) soulève

Exercise 3

1) jette
2) jettent
3) jetons
4) appelle
5) appelons

Exercise 4

1) paie
2) paie
3) ennuie
4) nettoyez
5) emploient
6) envoie
7) envoient
8) essayons
9) appuient
10) appuyons

Exercise 5

1) change
2) changeons
3) avançons
4) mangez
5) mangeons

Exercise 6

1) battent
2) peuvent
3) meurent
4) deviennent
5) apprennent
6) reçoivent
7) prennent
8) craignent
9) mettent
10) permet

Passé Composé with avoir

Exercise 1

1) a invité
2) avons refusé
3) as travaillé
4) a aimé
5) a apporté
6) ai voyagé
7) avez loué
8) a sous-titré
9) avez téléphoné
10) as assisté

Exercise 2

1) ont investi
2) a applaudi
3) ont réfléchi
4) a ralenti
5) ont attendu
6) avons réussi
7) a perdu
8) as grandi
9) a senti
10) a vendu

Passé Composé avec être

Exercise 3

1) est monté
2) sommes rentrées
3) est tombé
4) sont descendus
5) sont revenues
6) est parti
7) est allée
8) est allé
9) est mort
10) est resté

Exercise 4

1) se sont promenés
2) s'est douté
3) se sont maquillées
4) se sont écrits
5) nous sommes arrêtés
6) se sont occupés
7) se sont baladées
8) se sont rencontrés
9) t'es coupé
10) nous sommes demandés

The Imperfect Tense

Exercise 1

1) voyageait
2) faisais
3) étions
4) buvaient
5) étais
6) aimions
7) partageaient
8) prenait
9) encourageait
10) alliez

Exercise 2

1) croyait
2) étais
3) pensait
4) espérait
5) avait
6) savais
7) étions
8) paraissiez
9) était
10) faisait

Exercise 3

1) suivions
2) faisais
3) était
4) faisions
5) habitaient
6) buvions
7) assistaient
8) faisait

Exercise 4

1) je jouais au foot tous les jours
2) tu mangeais quand je t'ai appelé
3) nous dormions quand tu es arrivé
4) le magasin était terne
5) il faisait chaud à la maison
6) ils avaient l'air heureux/ elles avaient l'air heureuses
7) il travaillait à Selfdriges
8) nous attendions le train quand tu as téléphoné
9) je savais qu'ils avaient raison

Passé Composé VS the Imperfect

Exercise 1

1) je suis allé (e)
2) il était , il jouait
3) ils tenaient
4) ils ont randonné
5) dînions
6) prenait
7) tu avais
8) il écrivait
9) je regardais/ est arrivé
10) était

Exercise 2

1) j'ai visité
2) était
3) a éclaté
4) sont arrivés
5) avons passé
6) avait
7) a trouvé
8) ai du
9) ai reçu
10) étions/allions

Near Future Tense

Exercise 1

1) allons acheter
2) va prendre
3) allez investir
4) va avoir
5) va promouvoir
6) va être
7) allons choisir
8) vas dîner

9) vont déménager
10) va travailler

Futur simple

Exercise 2

1) suivrez
2) dînerons
3) entendras
4) cherchera
5) n'oubliera jamais
6) travaillerai
7) rendrons visite
8) finira
9) remplacera
10) partiras

Exercise 3

1) sera
2) fera
3) sauras
4) aurons
5) ira
6) préférera
7) verons
8) faudra
9) pourra
10) pleuvra

Exercise 4

1) iras/ finiras
2) prendrons
3) aura/seront
4) emmènera/pourra
5) devra/ sera
6) enseignera/habitera
7) jouerons/ rendrons visite
8) se reposera/ aura
9) obtiendra/ partira

Conditional Mood

Exercise 1

1) iriez-vous
2) passerions-nous
3) changerions-nous
4) m'acheterais-tu
5) segnerait-il
6) pourriez-vous nourir

7) prendrait-elle
8) iriez-vous
9) pourrions-nous
10) accompagneraient-ils/elles

Exercise 2

1) si j'avais plus d'argent, je voyagerais souvent
2) s'ils attendaient jusqu' à la fin des soldes, ils obtiendraient ces articles moins chèrs
3) si nous plantions des arabres, nous aurions plus d'oxygène
4) si je vendais ma moto, je pourrais acheter une voiture
5) si vous les invitiez, nous serions en colère.
6) si mon ordinateur tombait en panne, je piquerais une dépression
7) si elle avait plus de temps, elle viendrait en vacances avec nous
8) si vous vous organisiez, vous seriez plus éfficace
9) si tu dormais moins d'heures, tu aurais des problèmes de santé.

Exercise 4

1) il irait à Londres, s'il avait plus d'argent
2) elle achèterait cette voiture, si elle était rouge
3) nous serions contents/heureux, si tu venais ce soir
4) j'écrirais un email
5) j'inviterais Sylvain, si j'allais à Lyon
6) elle mangerait des légumes, si elle ne trouvait pas de la nourriture halal

Pluperfect

Exercise 1

1) avais dîné
2) avait expliqué
3) aviez investi
4) étaient arrivées
5) avais décidé
6) avions roulé
7) avait échoué
8) étais allé (e)
9) avais obtenu
10) avait bu

Exercise 2

1) avait pris
2) étions réveillé(e)s
3) étais demandé(e)
4) s'était habillée
5) s'étaient mariés
6) s'étaient couchées
7) s'était souvenu
8) étions promené(e)s
9) s'était reposée
10) s'étaitent écrites

Exercise 3

1) avait eu
2) n'avait pas expliqué
3) avait prescrit
4) avait oublié
5) était parti
6) avait invité
7) avait rencontré
8) avait souffert
9) avait reçu

Exercise 4

1) il a pris l' antiobiotique que le dentsite lui avait préscrit
2) il savait qu'ils/elles lui avaient causé un problème.
3) il était énnervé parce qu'il avait invité Bernard
4) pourquoi il lui avait invité sachant qu'on ne s'entend/ (nous ne s'entendons) pas bien
5) je pensais qu'ils/elles avaient compris ce qu'ils avaient besoin de faire
6) ils/elles étaient fatigué(e)s parce qu'ils/elles avaient été en route pendant plusieurs heures
7) il était heureux de rencontrer Marie parce qu'il ne l'avait pas vu depuis plusieurs années
8) on pensait/ nous pensions qu'elle l'avait rencontré déjà
9) on pensait/ nous pensions qu'il lui avait écrit.

Future Perfect and Conditional Perfect

Exercise1

1) aura appris
2) aura fini
3) aurons visité
4) auront trouvé
5) aura découvert
6) aurai répondu
7) se sera reposée
8) auront complété
9) sera mort
10) aurai vu

Exercise 2

1) aurions dîné
2) aurait visité
3) aurait vu
4) auraient invité
5) aurait fait
6) auraient vendu
7) seriez arrivés
8) aurait eu
9) serions venus

Exercise 3

1) *Fabien aura écrit son premier scénario*
2) *Amelie aura fini sa leçon de piano quand tu arriveras*
3) *ils/elles auront appris la conjugaidon avant la fin de la leçon*
4) *Quand Carole aura obtenu son permis, elle ira à Marseille en voiture*
5) *il l'aura vu avant mardi*
6) *j'aurais voulu être comédien*
7) *tu n'aurais pas du le/la vendre*

Present Subjunctive

Exercise 1

1) *viennes*
2) *attende*
3) *arrivions*
4) *choisisse*
5) *parte*
6) *jouiez*
7) *réponde*
8) *finisse*
9) *partions*
10) *accepte*

Exercise 2

1) *ailles*
2) *soit*
3) *fassions*
4) *veuille*
5) *aille*
6) *puissiez*
7) *ait*
8) *aille*
9) *sachions*
10) *aies*

Exercise 3

1) *je veux que tu le voies*
2) *il doute que tu sois serieux*
3) *il est important qu'ils assistent*
4) *quel que soit le prix, je l'acheterais*
5) *il est important qu'ils soient à l'heure*
6) *il faut qu'il travaille dûr pour qu'il finisse le projet*
7) *tu etudies pour que tu puisses aller à l'université*
8) *j'ai peur qu'il ne l'aime pas*
9) *je suggère que tu fasses tes devoirs*
il est possible qu'il ne vienne pas

Present Participle

Exercise 1

1) persévérant
2) prenant
3) faisant
4) utilisant
5) sachant
6) allant
7) visitant
8) passant
9) buvant
10) prenant

Exercise 2

1) elle a perdu sa bague en marchant sur la plage
2) il a gagné de l'argent en jouant au lotto
3) c'était un film intriguant
4) sachant qu'il n'est pas chez lui, elle est rentrée (chez lui) sans sa permission
5) il a utilisé son portable en conduisant
6) je lis en faisant du sport
7) en lisant des livres, tu améliorera ton vocabulaire
8) elle a vu son ancien petit copain en visitant son ancienne ville
9) la ville est fascinante
10) en se rappellant de son père elle a pleuré

Verbs and the Infinitive

Exercise 1

1) du
2) de
3) sur
4) en
5) à
6) à
7) de
8) à
9) à
10) de

Exercise 2

1) x
2) x
3) x
4) à
5) à
6) à/ x
7) à
8) x / à

9) d'
10) d'

Exercise 3

1) j'ai décidé d'apprendre le Créole
2) je préfère les comédies
3) il aime voyager
4) nous avons hésité à contribuer
5) je suis déterminé à le faire
6) il m'a appris à parler français
7) on lui a demandé d'appeler Claire
8) il est prêt à le faire
9) tu dois venir
10) il faut faire des exercises

Passive voice

Exercise 1

1) le gouvernement a été élu par le peuple
2) l'accord a été signé par le président
3) l'environnement est endommagé par le plastique
4) les document ont été volés par Chloé
5) les députés étaient poursuivis par la justice
6) la quéstion sera débattue par les étudiants
7) le suspect est interrogé par les policiers
8) L'Etranger a été écrit par Camus en 1942
9) Hey Jude, a été chanté par les Beatles
10) le cours sera enseigné par le nouveau prof

Direct Object Pronouns

Exercise 1

1) elle les chante en français
2) elle le visite
3) nous l'achetons
4) ils la vendent
5) je l'ouvre
6) elle la prépare
7) elle les fait
8) nous la soutenons
9) tu le visites
10) il l'étudie

Exercise 2

1) il m'aide
2) le magasin les vend
3) ils nous appellent
4) nous l'offrons
5) elle les remercie
6) appelez-les
7) je vais la voir
8) ne le(la) prenez pas
9) nous devons les visiter
10) Est-ce que vous les soutenez? (les soutenez-vous?)

Indirect Object Pronouns

Exercise 1

1) Le père leur a montré les photos

2) Ce magasin lui appartient

3) Je lui transmettrai le message

4) je lui parlerai au sujet de mon salaire.

5) ce portable lui appartient

6) je leur ai fait une pétition

7) montrez-lui les dossiers

8) ne lui dites rien

9) il leur parlera

10) Est-ce que tu leur as envoyé l'article

Relative Pronouns
Qui and Que

Exercise 1

1) qui
2) que
3) qui
4) qui
5) que
6) qui
7) que
8) qui
9) que
10) que

Exercise 2

1) qui
2) qui
3) qui
4) que

5) que
6) qui
7) que
8) que
9) qui
10) que

Ce QUI and Ce Que

Exercise 1

1) ce que
2) ce que
3) ce qui
4) ce que
5) ce que
6) ce qui
7) ce que
8) ce qui
9) ce qui
10) ce qu'

Exercise 2

1) Voici l'homme dont sa femme est dentiste
2) Tu as vu le dernier film de Al Pacino dont le titre est Paterno
3) La table dont je t'ai parlé est à vendre.
4) Voici mon étudiant dont je sui fièr.
5) Jaime la voiture dont elle a beaucoup d'éspace.
6) C'était une bonne expérience dont elle se souvient beaoucoup.
   7) Je te dis une rumeur. Tu aimes entendre ce genre de rumeur.
8) Tu te souviens du magasin dont Axel nous a parlé
9) Voilà le document dont tu as besoin.
10) Regarde la femme dont je suis amoureux.

Lequel/laquelle/lesquels/lesquelles

Exercise 1

1) lequel
2) laquelle
3) laquelle
4) lequel
5) lesquels
6) lesquelles
7) lequel
8) laquelle
9) lesquels
10) laquelle

The adverbial pronouns Y and EN

Exercise 1

1) y
2) y
3) en
4) en
5) en
6) y
7) en
8) y
9) en
10) en

Demonstrative Adjectives and Pronouns

Exercise 1

1) cette
2) ce
3) cette
4) ce
5) ces
6) cette
7) ce
8) cet
9) ces
10) ce

Exercise 2

1) celle
2) ceux
3) celui
4) celui
5) celle-ci
6) cella-là
7) celui
8) celle
9) celui
10) celle

Possessive Adjective and Pronouns

Exercise 1

1) sa
2) son
3) sa

4) son
5) notre
6) votre
7) ta
8) ma
9) leur
10) notre

Prepositions

Exercise 1

1) en/dans
2) de/ à
3) au/ en
4) chez
5) à/ en
6) de/aux
7) dans
8) au/ à
9) chez
10) de/de

Forming Questions

Exercise 1

1) feront-ils les devoirs/ Est-ce qu'ils feront les devoirs
2) mangera-t-elle Italien ce soir?/ Est-ce qu'elle mangera Italien ce soir?
3) boira-t-elle un café?/ Est-ce qu'elle boira un café?
4) fera-t-il la vaiselle?/ Est-ce qu'il fera la vaiselle?
5) rangera-t-il la chambre? / Est-ce qu'il rangera la chambre?
6) vont-ils regarder un film?/ est-ce qu'ils vont regarder un film?
7) vas-tu au cinéma? / Est-ce que tu vas au cinéma?
8) sont-ils allés en vacances? / Est-ce qu'ils sont allés en vacances?

Revision

Exercise1: Grammar Gap Fill

1) heureuse
2) veil
3) passé
4) fume
5) remplir
6) décicé
7) meurs
8) dites
9) arrivées
10) soit
11) faisait

12) ferais
13) irons
14) avons vécu
15) nouvel
16) belles
17) allions
18) paresseux
19) comprennent
20 apprenons
21) aurai
22) pourrais
23) dernière
24) passé
25) mangeais
26) quels
27) faites
28) sont devenus
29) sorti
30) dire
31) terminer
32) vont
33) vieilles
34) prenons
35) commences
36) finissait
37) rangerons
38) éteint
39) mortes
40) vus
41) chère
42) bel
43) nettoient
44) préfère
45) aille
46) joué
47) dire
48) jouant
49) partir
50) nombreuses

Exercise 2 :Grammar Gap Fill

1) fiére
2) morte
3) généreuses
4) achèterait
5) écoutons
6) vieil
7) devenue
8) ferai
9) ait
10) nouveaux
11) arrêtés
12) achetée
13) importantes

14) née
15) aurons
16) quelles
17) tombée
18) nouvel
19) croire
20) parti
21) voulais
22) arrivions
23) mignonnes
24) sont devenus
25) vécu
26) comprenez
27) avait su
28) est rentrée
29) rangées
30) anciennes
31) fasses
32) choisie
33) neuve
34) marron
35) parler
36) ouvert
37) lisais
38) parler
39) écrivant
40) prochaine
41) viennent
42) levés
43) mangerais
44) vivons
45) plaint
46) connaissent
47) réaliser
48) dû
49) bonnes
50) fassions

Exercise 3 Grammar Gap Fill

1) revenir
2) pris
3) regarder
4) couru
5) normaux
6) jolie
7) noirs
8) avait
9) dire
10) faisant
11) restés
12) est
13) vécu
14) fumer

15) coiffées
16) savais
17) paresseuses
18) sais
19) aies
20) préférez
21) vu
22) trouvées
23) vivais
24) faisait
25) favorites
26) couvert
27) buvais
28) délicieuse
29) blanche
30) travailleuses
31) compris
32) lu
33) sortis
34) connais
35) viens
36) parler
37) noirs
38) grave
39) dernier
40) naturel
41) produisent
42) réduisant
43) détruire
44) mignons
45) travailler
46) espérons
47) parle
48) première
49) peux
50) humaine

Exercise 4 Grammar Gap Fill

1) devons
2) pu
3) regarder
4) arrivés
5) normaux
6) jolies
7) nouveaux
8) vivrai
9) dire
10) faisant
11) restées
12) va
13) vécu
14) chanté
15) vieil

16) savait
17) généreuses
18) crois
19) fasses
20) remarqué
21) arrêtés
22) avions
23) manger
24) favoris
25) ouvert
26) prenais
27) délicieux
28) mentales
29) travailleurs
30) appris
31) vu
32) parties
33) rentré
34) vient
35) gentils
36) sérieuses
37) sérieux
38) derniers
39) peuvent
40) nuisent
41) finissant
42) sait
43) naturelle
44) fumer
45) surpris
46) attendais
47) dernier
48) puisses
49) portugaise
50) oublié

Exercise 5 : Choose the Correct Word

1) venais
2) sais
3) achetés
4) arrivions
5) tous
6) de
7) finir
8) dont
9) soit
10) réussis
11) pendant
12) aurait pu
13) il y a
14) fasses
15) à cause de
16) de

17) ce que
18) mauvaise
19) en
20) mieux
21) laquelle
22) leurs
23) que
24) tout
25) dont

Printed in Poland
by Amazon Fulfillment
Poland Sp. z o.o., Wrocław